# LETTRES

AU



# MARÉCHAL BAZAINE

TYPOGRAPHIE M. WEISSENBRUCH
IMPRIMEUR DU ROI
RUE DU MUSÉE, 11, A BRUXELLES

# MEXIQUE

## QUATRE LETTRES

AU

## MARÉCHAL BAZAINE

[par Victor Considérant.]

BRUXELLES
C. MUQUARDT, ÉDITEUR
PLACE ROYALE

LEIPZIG
MÊME MAISON
3, RUE ROYALE

GAND
MÊME MAISON
4, PLACE D'ARMES

1868

# NOTE DE L'ÉDITEUR.

L'époque présente vit à grande vitesse. Cette extrême rapidité du cours des choses est certes un des caractères distinctifs de ce siècle et même de ce quartier du siècle : les événements de la veille, vieux le lendemain, sont bien près d'être oubliés le surlendemain. A ce compte, les dernières troupes françaises ayant quitté le Mexique au commencement du printemps, et l'Empire mexicain ayant pris sa fin même dès avant l'exécution de son malheureux chef nominal, il semble que l'expédition transatlantique de l'empereur des Français et la question mexicaine devraient être enterrées aujourd'hui.

Cependant, il n'en est rien : ou plutôt, cette affaire est, tout à la fois, passée déjà à l'état d'histoire et encore toute palpitante d'actualité. Pourquoi? — Apparemment parce que chacun sent bien, — instinct de la pensée ou pensée réfléchie, — que si l'expédition française est terminée au Mexique, elle n'est terminée ni en Europe ni dans l'histoire. Les conséquences en semblent loin d'être accomplies, et celles qui regardent l'Europe se laissent pressentir comme choses graves — probablement fort graves.

On ne veut pas dire que les événements auxquels on s'attend pour la France sortiront exclusivement de l'expédition du Mexique; non. Aucun événement ne sort exclusivement d'un seul autre. Cependant il en est de très efficients. Sans doute, quand il se fait quelque explosion dans l'histoire, il faut que des matières explosibles aient été rassemblées quelque part, — et de tels emmagasinements se préparent même, généralement, de longue main. Mais il est des événements porte-feu, des faits fulminates, et ce sont ceux-là, — quelquefois de simples capsules, — qui font sauter les poudres. Par exemple, *depuis* la rentrée de l'expédition du Mexique, tout le monde voit bien que l'Empire, en ce temps et en France, n'était point une chose *possible*. Depuis lors, chacun sent bien, le prince impérial fût-il destiné à succéder paisiblement à son auguste père, qu'en ce cas il régnerait, pour un temps et par hypothèse, en France, mais qu'à coup sûr il n'y gouvernerait plus — ou plus guère.

M. Thiers a dit un jour à ses collègues de l'Assemblée législative : « L'Empire est fait. » Le Mexique a dit, non moins clairement, aux derniers soldats français qui en quittaient la côte : « L'Empire est défait. »

C'est donc parce que dès ce jour là, effectivement et visiblement pour tout le monde, l'Empire a commencé de finir, et qu'on ne saurait s'empêcher de prêter l'oreille au bruit de plus en plus distinct de cette sape qui avance sous le gouvernement siégeant aux Tuileries, que cette vieille affaire est toujours jeune, et l'intérêt qui s'y attache, vibrant. Cet intérêt a déterminé la publication de ces *Lettres au maréchal Bazaine.*

Il serait absolument oiseux d'expliquer ici par quelles circonstances ces lettres sont tombées entre les mains qui les éditent, et par quels motifs on s'est cru suffisamment autorisé à les publier, — en taisant quelques noms propres, et supprimant çà et là une phrase ou un passage, mais sans altérer autrement le texte. — Sauf ces suppressions, tout à fait insignifiantes pour le lecteur, — nous croyons notre texte conforme à l'original, — qui est probablement encore aux mains du maréchal Bazaine.

La première de ces lettres nous semble jeter une clarté toute nouvelle sur un fait important de la constitution sociale du Mexique, — et, paraît-il, de toutes les républiques hispano-américaines. Elle donne utilement le mot de plus d'une grosse énigme. Sous ce rapport, notre publication constitue une dénonciation qui ne saurait manquer de provoquer une justice que, par malheur pour leur honneur, ni l'Intervention française ni l'Empire mexicain n'ont eu l'intelligence ou le cœur de faire[1]. Quant aux lettres suivantes, malgré le sans-façon du style et quelque désordre épistolaire, elles ne paraîtront peut-être pas non plus dépourvues de tout intérêt.

*Bruxelles, janvier 1868.*

[1] Au moment où nous imprimons ces lignes, nous apprenons, par une correspondance du *Messager franco-américain*, que le lendemain de l'ouverture du Congrès mexicain (décembre 1867), Juarez se disposait à élaborer une loi portant abolition de l'*institution* sociale dont il est ici question, à savoir du *Péonage*, servage mal déguisé d'une grande partie de la population indienne, et dont l'auteur des *Lettres* donne la définition et la triste description.

On peut prévoir que cette loi rencontrera l'opposition du plus grand nombre des *hacienderos* ou grands propriétaires mexicains, de même que l'abolition de l'esclavage a été combattue par les planteurs des États du Sud; mais Juarez, représentant de la race rouge du Mexique sur laquelle tombe presque exclusivement le Péonage, ne laissera pas inachevée l'œuvre qu'il vient de commencer résolument, et que l'auteur des *Lettres* espérait voir accomplir par Maximilien. Cet espoir a été déçu, car Maximilien, malgré ses bonnes intentions, cédant à la pression des grands propriétaires qu'il voulait se rallier, dans la déplorable situation qu'on lui avait faite, avait aggravé le sort des *peones*, en consacrant par un décret l'autorité des maîtres. L'abolition du Péonage que l'auteur des *Lettres* a si vivement provoquée, est un signe du temps; elle répondra à deux sentiments qui, de jour en jour, exerceront plus d'empire : celui de la justice et celui de l'humanité.

## PREMIÈRE LETTRE.

De la Conception, 15 mai 1865.

*Mon cher Bazaine,*

Quoique je n'aie jamais eu la bonne chance de vous rencontrer, vous ne vous étonnerez pas, je pense, que je vous aborde comme un ancien camarade. . . . . . . . . . . . . . . . . . . . . . . .

. . . . . . . . . . . . . . . . . . . . . . . . . . .

Voilà un an et plus que je veux vous écrire — remettant sans cesse à la semaine suivante, par suite d'un effroi dont la déshabitude d'écrire, sans doute, m'a fait joindre le sentiment à l'idée de plume et de papier. Je me semble aujourd'hui résolu à me tenir ma promesse, et je me lance.

L'année dernière, à pareille époque, j'ai écrit

assez longuement à N. C'était par l'occasion de Vidauri qui comptait pouvoir aller en France par la côte . . . . . . . . . . . . . . . . Avant de partir, il m'avait dit qu'il allait à Paris dans l'intention de savoir ce que voulait l'Intervention, et, « maintenant qu'elle pouvait être considérée « comme un fait à peu près accompli, tâcher de « lui faire porter les meilleurs fruits pour le pays. » Cette attitude donnée, j'en avais pris occasion pour le catéchiser sur un point que je considère comme tout à fait capital, et qui est l'objet principal du griffonnage que je vous adresse aujourd'hui.

Il existe au Mexique une institution détestable, héritage de la convoitise effrénée de la race conquérante et du génie moitié tigre moitié renard du pays qui a si longtemps cultivé la Sainte Inquisition sous prétexte de protéger Dieu et son Évangile.

Cette institution, nous l'appellerons le *Péonage*, mot que je me permets de faire, car, — chose bien digne de remarque, — elle constitue une telle abomination qu'elle est restée innommée. Ceux qui l'ont créée, ceux qui l'ont développée, et ceux qui l'exploitent encore, à l'heure qu'il est, se sont tacitement et instinctivement accordés à ne pas même lui donner, par un nom, une place dans la langue humaine.

En quoi consiste le péonage? — c'est bien simple : Un homme pauvre (ce que l'on appelle en Europe un prolétaire) est employé par un maître. Celui-ci lui fait une avance de quelques piastres. Le prolétaire, dès lors, est tenu par corps, — le maître étant constitué gardien du corps, — de rembourser cette avance en travail à défaut d'argent. — C'est tout; et aux yeux de beaucoup de gens une telle disposition appliquée aux basses classes n'a pas l'air de grand'chose. « Eh bien, di-« sent-ils, que le péon (notre débiteur est dès « lors, en effet, constitué péon) que le péon tra-« vaille ! Il aura bientôt racheté sa dette et recou-« vré sa liberté. Il n'y a pas grand mal, après « tout : ces Mexicains sont la paresse incarnée, « et c'est la seule manière de les forcer à travail-« ler. » — Voilà le jugement très général des esprits inattentifs, d'une part, et, de l'autre, des imbéciles sans cœur qui forment encore des masses formidables dans ce siècle de lumières. Examinons cependant un peu la question.

Ne voulant m'engager que sur ce que je sais pertinemment, ce que je dirai se rapportera spécialement aux provinces du Nord dont je connais la population, et où j'ai vu le péonage à l'œuvre. J'ai lieu de penser, mais seulement par des informations, que les choses se présentent à peu près sous les mêmes aspects dans les autres parties du pays.

Le Mexicain, je parle du pur Mexicain, de ce que l'on appelle le bas peuple, le paysan surtout, est une nature excellente. Vous êtes tout d'abord frappé, spécialement si vous le rencontrez sous son toit et dès qu'il est rassuré sur vos intentions, de son hospitalité et d'une politesse innée qui est un mélange exquis de simplicité et de déférence, joint à une dignité des plus remarquable. Au Mexique et dans les prairies du Texas, j'ai rarement manqué l'occasion d'entrer dans le pauvre *jacal* qui se trouvait sur mon chemin, et, après un premier moment pris pour répondre à cette question : *Es un enemigo?* question toujours résolue négativement aussitôt entendu un salut d'une voix cordiale, j'ai toujours rencontré le même accueil hospitalier, bon et vraiment touchant.

Les Français, à coup sûr du moins avant la guerre, ayant un privilége spécial dans le cœur des Mexicains, on pouvait croire que, reconnaissant vite à quelle nationalité ils avaient affaire, c'était à cette qualité de Français que s'adressait le bon accueil. Il n'en est rien ; c'est bien l'homme, — *el christiano*, — qu'ils reçoivent ainsi. La preuve c'est que les Américains, même les Texiens, qui sont loin d'être aimés, et pour cause, de l'autre côté de la rivière, y sont traités de la même façon, dès qu'il est bien démontré aux pauvres gens qui les reçoivent, qu'ils se présentent en amis et sont *hombres buenos*. J'en ai connu plus d'un de ces Américains, qui, à la suite d'accidents, de blessures, ont eu la vie sauve, dès que leur bonne chance les eût conduits à quelque pauvre hutte perdue dans le *chapparal*, par les bons soins qu'on s'est empressé de leur prodiguer. Les Américains qui se sont trouvés en pareille passe ne tarissent pas en éloges sur les « good natural qua- « lities of those Mexicans », surtout des femmes qui sont bien les plus douces et les plus compatissantes créatures qu'il y ait au monde.

Le Mexicain qui a un jacal, une tortille ou un réal est toujours prêt à en offrir la moitié au *compadre*, ou même au premier venu qui en a besoin. — Je parle toujours, bien entendu, du Mexicain pauvre, du vrai et pur Mexicain : ne confondons pas avec *messieurs* les Mexicains et *mesdames* les Mexicaines ; car, autant que je l'ai pu observer et avec de belles exceptions sans doute, ces qualités, ces vertus sociales charmantes ne paraissent point du tout croître avec l'élévation de l'individu sur l'échelle des rangs et de la fortune, — au contraire.

L'Américain n'est pas avare, certes non! Mais il est d'une âpreté au gain dont une connaissance pratique seule peut donner l'idée. Chez lui l'*auri sacra fames* est une fringale chronique. Mais il dépense comme il gagne. A côté du Mexicain peuple, il ne serait pourtant qu'un avare. On dit ici que l'Américain dépense comme deux Allemands et le Mexicain comme quatre Américains. Le *caretero*, qui vient de recevoir sa paie, prête ou donne au *compadre* qui a besoin ; avec le reste il entre dans une boutique, menant avec lui femme, enfants ou *patrona*, pour n'en sortir que quand il n'y a littéralement plus rien, *nada*, dans sa ceinture. Ce détachement excessif du dollar, outrageusement exploité par la boutique, fait la fortune des marchands de toutes les patries qui s'établissent dans ces parages, et est une des causes qui retiennent le Mexicain dans la position inférieure où il tombe aisément et d'où il ne sort guère. Ils aident ainsi les âpres représentants des races plus fortes, avec lesquels ils sont en contact, non seulement à les tondre, mais à les écorcher vifs, et se font, par une belle disposition de leur nature, dont l'excès devient un défaut et un malheur, les complices des rapaces qui les dévorent.

Cette race possède non seulement une grande douceur, mais encore une parfaite facilité de caractère et une extrême docilité. Il n'y a pas de peuple au monde plus facile à gouverner, et cette facilité, si précieuse dans l'hypothèse d'une direction humaine et intelligente, n'a pas peu contribué, — l'hypothèse n'ayant pas encore été réalisée pour lui au plus loin que l'on remonte son histoire, — à ses misères passées et à ses déformations présentes.

Sous l'aspect de résignation triste que ses longues misères ont imprimé à sa face, il conserve, tant la nature primitive est vivace, une disposition décidée à la gaieté. Dès qu'ils sont réunis quelques uns, et que les circonstances éveillent leur instinct de sociabilité, la conversation s'anime et devient bientôt joyeuse et souvent spirituelle, sans jamais tourner à la grossièreté. Ce mot, venu là sous ma plume, va me fournir une remarque caractéristique : c'est que tandis que le peuple des campagnes, du centre et du nord de l'Europe surtout, est généralement et, il semble, naturellement rude et plus ou moins *grossier*, on ne trouve rien de pareil chez son homologue au Mexique. Le mot de *groseria*, du moins dans son application aux personnes, n'aurait pas eu de raison d'existence dans la langue du pays, s'il n'y eût été importé d'Europe. En Europe, nature inculte et nature grossière sont presque des synonymes; les paysans mexicains, bien qu'incultes, sont si peu grossiers que, ne sût-on d'ailleurs qu'il n'en est absolument rien, on croirait toujours en les abordant avoir affaire à des personnes cultivées et ayant appris les *vraies* bonnes manières. La fameuse phrase de Rousseau : « Tout est bien « sortant des mains de l'Auteur des choses, tout « dégénère entre celles de l'homme », est une contre-vérité. Rien n'est bien (bien = bon pour l'homme, dans la langue de l'homme) dans la nature, et tout s'améliore par la culture de l'homme. La nature sauvage, les fruits sauvages, les animaux sauvages, à de très rares exceptions près, ne sont pour l'homme que des ennemis. Ce n'est qu'en domptant, cultivant, domestiquant, qu'il rend *bon* ce qui lui était, naturellement, ennemi ou de mal usage. C'est l'action de l'homme, sa *culture*, dans le sens le plus général, qui *crée le bien* par l'emploi intelligent des forces primitives. Cette loi générale s'applique évidemment à sa propre espèce. Eh bien, à beaucoup d'égards, il paraîtrait que la race mexicaine fût une exception à cette loi; elle semble un de ces rares fruits sauvages doués des qualités des fruits les plus raffinés, et, si l'on pouvait le dire, une race inculte très cultivée. Sa distinction naturelle est, en vérité, d'un genre très supérieur à ce que l'on appelle en Europe des manières distinguées.

Avec ces particularités il est évident que cette race est, comme nous disions très heureusement d'après Fourier, nous autres phalanstériens, *titrée en mineur*. Il ne faudrait pas croire pourtant que les qualités *majeures* lui fissent défaut. Sans doute ce n'est pas une race forte proprement dite. Le Mexicain n'est pas, comme l'Anglo-saxon, entreprenant et énergique par lui-même, *per se*, SELF-actif, comme il faudrait dire en empruntant à l'anglo-saxon lui-même ce *self* d'acier qui est bien la vraie caractéristique de sa race. Mais s'il n'est pas self-actif, l'individu mexicain s'anime et s'active aisément par la sociabilité. La sociabilité est chez lui condition d'excitation et de développement de la force latente. Bien que, comme pour la plupart des peuples méridionaux, le travail n'ait pas dans l'état ordinaire de grands charmes pour lui, ce peuple-ci est peut-être plus propre qu'aucun autre du monde au travail d'entraînement. Groupez des Mexicains, fournissez-leur quelque occasion de se passionner, vous les verrez ardents à l'œuvre. Vous verrez éclater des forces vives là où vous ne soupçonniez que de l'inertie. Au reste quelque chose de remarquable c'est que, même dans sa manifestation paresseuse et à l'opposé de beaucoup d'autres méridionaux qui cherchent le repos isolé et sommeillent volontiers les trois quarts du jour dans un hamac en un coin obscur, le Mexicain, quand il ne travaille pas, trouve toujours moyen de causer avec quelqu'un et s'en va *plasicar con los vecinos*. Cette disposition est très caractéristique : s'il n'affronte pas volontiers et sans cause déterminante la fatigue du travail corporel, il faut du moins qu'il exerce son esprit et surtout ses facultés affectives et sociales. Ici, et par rapport à ceux avec qui je viens de le comparer, il y a pas moins que la différence de l'homme à l'huître.

Les Mexicains sont intelligents, non généralement de cette intelligence forte qui combine, creuse et crée ; mais ils ont l'intelligence ouverte, facile, souvent spirituelle et je dirai encore sociale. J'entends par ce dernier mot qu'elle est remarquable sur toutes les choses de la vie de relation. Assez souvent j'ai eu à faire fonction de juge de paix officieux dans leurs contestations. J'ai presque toujours été surpris de la facilité avec laquelle on les met d'accord, et surtout combien celui qui a tort le reconnaît aisément, dès qu'il lui est expliqué comment et pourquoi sa prétention n'est pas *juste*. L'idée de la justice, et c'est un fait capital, est souveraine sur eux, ils témoignent aisément de la déférence envers autrui; mais on sent qu'ils éprouvent confiance et respect pour celui qu'ils ont reconnu *hombre justo*. Chose singulière, leur reconnaissance paraît fugace. Cela tient-il à un fond de légèreté, comme chez l'enfant; ou à l'insouciance qu'ils pratiquent envers eux-mêmes et qui leur serait naturelle par suite envers autrui, ou encore à ce que aider le prochain leur paraît une chose si simple et si aisée qu'ils n'ont pas l'idée que notre langue exprime en faisant d'*obliger* le synonyme de rendre service? C'est quelqu'une de ces raisons, peut-être les trois ensemble.

On croit en Europe que les Mexicains ne sont pas d'étoffe à faire de bons soldats. Je ne sais ce que l'expérience peut vous avoir appris sur ceux des provinces aux échantillons desquelles vous avez eu affaire, mais je sais très bien que ceux dont je parle spécialement donnent un complet démenti à cette opinion. Ils sont généralement braves, sobres par tempérament et par habitude, et *aptes à être fidèles*. Ces trois qualités, en y joignant ce que je disais tout à l'heure de leurs dispositions à la gaieté, à l'entraînement du groupe et aux conditions d'excitation passionnée, donnent certainement les éléments d'excellents soldats. Je sais que telle a été la conclusion des officiers américains un peu observateurs parmi ceux qui ont fait la guerre du Mexique. Les généraux Taylor et Scott, si je ne me trompe, ont eux-mêmes déclaré que, *bien commandés*, les Mexicains feraient de très bons soldats. Je tiens de l'ancien agent consulaire français ici, qui a eu pas mal d'expéditions aventureuses, comme sont souvent les transports dans les déserts des frontières de ce côté-ci, qu'il a toujours eu lieu d'être parfaitement satisfait de la conduite de ses charretiers et de ses escortes en face des dangers et dans les attaques. C'est que ses hommes, quoique souvent nouveaux et engagés de la veille, avaient bien vite pris confiance en lui. Ils sentaient l'ancien soldat d'Afrique et un chef qui, à l'occasion, ne bouderait pas.

Depuis que le pauvre détrôné *King Cotton* traîne son encombrante défroque sur cette frontière, il n'est question que de transporteurs, qui, faisant argent du coton qu'on leur a confié et s'appropriant ainsi une part de la royale dépouille, partent par une tangente quelconque. On cite des Américains, des Allemands, voire, hélas! des Français en pareilles escapades. Je n'ai pas encore entendu accuser un seul Mexicain. Ils ont longtemps cependant fait presque tous les transports, surtout avant l'arrivée de la masse des nègres amenée par les planteurs refoulés à l'Ouest. Antérieurement à la guerre ils opéraient la plus grande partie du roulage de la côte ici. Jamais les marchands n'ont eu à se plaindre d'eux. Mais, comme en géométrie, souvent la réciproque n'était pas vraie. Ils se faisaient tuer au milieu de la prairie, pour défendre des marchandises qui ne leur appartenaient pas, contre d'honorables Américains qui, comme les gens de Goliad, par exemple, venaient causer avec eux de bonne amitié au bivouac et les attaquaient à l'improviste, — parce que, disaient ces messieurs, ce n'étaient que des Mexicains.

Il y a tel Mexicain, à qui l'on confiait six ou huit mille dollars en or à porter à la côte, qui à volonté aurait pu se tromper de route, prendre l'Ouest pour le Sud et être en trois jours *de l'otro lado*[1]. Jamais! — Il se pouvait, il est vrai, que le même homme à son retour vous empruntât trois piastres et oubliât indéfiniment de vous les rendre : et encore n'empruntent-ils pas avec l'intention délibérée de ne pas rendre. — Ce n'est pas au premier venu sans doute que l'on confiait de tels messages, mais il est proverbial ici qu'un Mexicain, même capable de vous voler à domicile, n'abuse pas de ce qu'on lui a confié. Et notez que notre population mexicaine était pour bonne part composée de péons fugitifs, généralement voleurs de fait (j'ajoute, *de droit*, tant qu'ils sont péons) et que, nonobstant l'éducation prise à pareille école, le pauvre Mexicain n'a été souvent que le bouc émissaire des vols, bien autrement nombreux et variés, des Allemands, des Polonais, des joaffers américains, etc. Encore ne parlé-je que des vols auxquels on donne ici ce nom. Que serait-ce si je comptais le contingent du vol dans les affaires, petites ou grandes ! Mais les auteurs de ces vols ne sont plus des voleurs, ce sont des gaillards *Smart*[2], et la qualité, — c'est une qualité et très

[1] De l'autre côté. (*Note de l'éditeur.*)
[2] Adroit, fin, subtil. (*Id.*)

prisée, — de la *Smartness* est en proportion de la coquinerie du tour et des dimensions du bénéfice. En somme, il faudrait, dans ces parages, multiplier le vol mexicain réel par un coefficient numérique de trois ou quatre mille, pour que les pauvres diables commençassent à entrer en équation avec la somme des vols dont ils sont les victimes eux-mêmes. On le démontrerait par chiffres.

Quoi qu'on en puisse dire, je maintiens ma thèse « que le Mexicain est apte à être fidèle », et je ne doute pas davantage qu'une armée mexicaine, convenablement disciplinée, bien intelligemment et bravement commandée, un peu habillée, un peu chaussée et un peu nourrie, ne pût devenir une armée excellente.

Mais en voilà déjà trop long sur ce sujet. Je croyais vous esquisser en vingt lignes la nature du Mexicain pour examiner ensuite ce que l'on en a fait, et voilà que le courant de la plume m'a entraîné à une quasi monographie, et pas concise encore, de son caractère. Mon but était de parler du péonage ; revenons-y.

L'homme qui doit quelques piastres à un maître est donc constitué *Péon* [1] par la déclaration du

[1] Péon, mot espagnol, signifiant dans l'origine piéton,

créancier et l'arrêt sommaire de quelque juge de l'endroit. Corps et âme, le péon appartient dès lors à l'autre. Seulement, une fois par an, s'il n'est pas trop satisfait de son maître, il a quelques jours de liberté pour aller tâcher de s'en procurer un autre qui se charge de lui et de sa dette. Remarquons cette disposition, dont nous verrons bientôt les conséquences. Bien que je lise tout ce que je peux rencontrer sur le Mexique, je n'ai pu trouver aucun document sur la formation, sans doute successive, du *droit* spécial (s'il est permis de profaner en l'employant ici le mot que je souligne) qui y règle l'état des masses vouées à l'œuvre manuelle — ou *servile*, comme dit encore, dans ses commandements, l'Église catholique. Admettons donc charitablement à cette disposition une origine charitable, résultat de quelque pression de la cour d'Espagne en faveur des pauvres Indiens échappés aux massacres de la conquête et à l'exploitation, bien autrement meurtrière et dévastatrice, qu'en firent les glorieux conquistadores et leurs pieux successeurs.

Eh bien, une telle origine serait une preuve de plus qu'en fait d'institutions sociales on ne

homme qui va à pied, et employé depuis dans le sens de manœuvre, journalier. (*Note de l'éditeur.*)

*perfectionne,* on n'*améliore* pas plus celles dont le principe est mauvais, en prétendant les adoucir et les corriger, qu'en économie naturelle on n'améliore le tigre, on ne perfectionne le serpent à sonnettes. Si l'on ne sait pas transformer radicalement il faut détruire. Cet adoucissement n'a été, en effet, qu'une dérision pour le pauvre péon et un bouclier pour l'institution elle-même, une arme hypocritement protectrice et défensive pour les exploiteurs.

D'abord, cette faculté, ouverte une fois l'an, de chercher à changer de maître, n'est généralement que nominale; les péons, coffrés dans les haciendas, n'ont pas les moyens d'en exiger l'usage, et les distances souvent très considérables, qui séparent celles-ci, rendraient cet usage lui-même illusoire. En second lieu, les maîtres n'aiment pas à se charger des *mauvais caractères* qui se montreraient ainsi trop peu satisfaits de leur état ou au moins trop peu résignés à leur sort qui est le même partout. Le péon, de son côté, sait bien que s'il va mendier un autre maître, celui sous la main duquel il a dix chances pour une de rentrer quelques jours après, ne l'en traitera que plus durement. Cette faculté est donc, en pratique, illusoire pour le péon.

Quant à l'institution, elle la sert merveilleusement.

« On prétend que ces gens-là sont des esclaves, » disent les avocats de la cause, « cela n'a pas le « sens commun. Ce sont des hommes libres, tem« porairement soumis, il est vrai, à un travail « compensateur des avances qui leur ont été « faites et qu'ils ont volontairement acceptées. « Mais ils sont si peu la propriété de la personne « à laquelle ils doivent, que s'ils en trouvent une « autre qui rembourse leur dette, ils peuvent « quitter la première et travailler pour la se« conde. Cette faculté de changer de maître, « jointe à la liberté qu'ils ont annuellement de « l'exiger, est, du reste, une excellente garantie « de bon traitement, ceux qui les emploient ayant « ainsi un intérêt direct à les conserver. » L'argument, vous le voyez, *couvre* très bien, comme disent d'une bonne couleur les peintres en bâtiment. Raisons de roués ou de niais qui parlent comme si la faculté était sérieuse et comme si la garantie tirée de la prétendue concurrence des maîtres n'était pas dérisoire, quand il s'agit d'une denrée aussi abondante et aussi avilie qu'on a su rendre celle-là sur le marché de la main-d'œuvre au Mexique. L'intention probable

de soulagement, l'amélioration n'a servi qu'à blanchir le sépulcre.

Si ma description du caractère mexicain a été trop longue, elle va du moins nous servir à nous bien rendre compte du péonage dans la pratique. Ce caractère qui, par l'imprévoyance et la facilité, assimile en quelque sorte le Mexicain à l'enfant, le rend très apte à se laisser engager. A défaut des nécessités de la vie pour lui ou les siens, un ruban à offrir à une patronne suffirait pour lui faire contracter une dette de quelques piastres : il accepte et demande comme il prête ou comme il donne. Mes souris, quand je viens de prendre quelques unes des leurs au piége, sont bien autrement méfiantes et difficiles à faire entrer à la souricière que le Mexicain au péonage. Il ne doute pas, en contractant une petite dette, que quelques jours de travail et de sobriété mexicaine — ceci c'est beaucoup dire, — ne l'aient bientôt acquitté. L'expérience universelle de sa race n'est pas plus pour lui, que chez nous celle des pères pour leurs fils. — Le voilà pris!

La grande masse des péons d'ailleurs *naît péone*. Quoi donc! dirait un Européen, et comment cela, puisque l'esclavage a été supprimé au Mexique? La mort, du moins, éteint la dette personnelle et le péonage qui en était la conséquence.

— Oui, c'est bien ce que dira l'Européen, né dans l'atmosphère d'un droit social déjà nettoyé de beaucoup de la poussière des temps barbares, et auquel cet énoncé fait l'effet d'une énigme inintelligible, d'une absurdité. — Absurdité? pas du tout. Monstruosité très ingénieuse, très odieuse, infâme, à la bonne heure! Si le péon meurt sans avoir acquitté sa dette (nous verrons que tous l'ont acquittée et cent fois), sa postérité reste engagée au créancier. La famille répond pour le mort; elle le remplace et continue son état. Voilà le mystère. — Mais! c'est abominable! — Sans doute; mais cela procède de l'Espagne, des conquistadores et de la Sainte Inquisition. C'est pressurant, astucieux, prévoyant et féroce. C'est une double combinaison rare de chimie sociale, un hispano-catholicate-argyro-conquistique, s'il est permis de former un hybride barbare pour une institution hybride et barbare elle-même.

Sommes-nous au bout de l'infamie? Oh que nenni! nous n'avons guère vu que les principes de l'institution; il faut la voir à l'œuvre.

Il résulte du caractère du Mexicain qu'une fois péon il l'est pour la vie. Né en péonage c'est encore mieux assuré. Un péon manifesterait-il un désir un peu suivi de se libérer en balançant, à force de privations, son débit par son crédit? il ne manque pas de moyens de le retenir. Ceux qui annoncent de telles dispositions montrent une supériorité sur la masse de leurs consorts; ce sont des sujets à conserver. — Le moyen, vulgaire mais infaillible, c'est de les allumer. Pour cela faire on étale, au *tendajo* de la *hacienda* où ils sont enfermés, quelques objets propres à les séduire et surtout à irriter la convoitise des femmes et des enfants auxquels les hommes ne savent jamais résister, des souliers, des rubans, des ceintures, quelques chiffons aux couleurs dont elles raffolent. On les convoque à la contemplation de ces richesses. Si la tentation ne réussit pas du premier coup, après leur avoir dit que tout cela est à leur disposition et qu'ils n'ont qu'à choisir, on replie. A huit ou quinze jours de là, nouvelle exhibition. La convoitise a fait son chemin dans les cerveaux, les femmes, les patronnes, les enfants ont demandé, supplié, caressé; la mine est chargée et amorcée; la réouverture de l'*exposition* y met le feu, et le crédit du pauvre péon tombe plus bas qu'il n'était encore descendu. La réaction ne tarde pas à se faire; les objets ne sont pas encore usés ou fanés que le pauvre péon, découragé, se résigne tristement au sort commun, dont il n'a plus l'espoir de s'affranchir.

Mais l'emploi de ces moyens est un luxe généralement inutile : En effet, le salaire alloué au péon est une dérision ; quatre ou cinq piastres par mois, vous savez ce que cela vaut au Mexique ! J'en ai vu qui, avec ce salaire, devaient non seulement se sustenter eux-mêmes, mais en outre une femme et huit ou dix enfants. Cependant nous n'aurions encore ici qu'une dérision à la première puissance. Il s'agit de l'élever d'abord au carré. Comment faire ? — C'est bien facile. Le péon, prisonnier pour dettes, livré à son créancier, ne reçoit pas ses salaires ; on se contente de les inscrire à son *avoir*. Il n'a donc pas la faculté d'acheter, et doit passer par les mains de son maître pour se procurer son maïs et les choses indispensables. Celui-ci les lui livre donc, mais au prix qu'il est libre d'y mettre. La dérision de première puissance, insuffisance du salaire, se trouve donc ainsi multipliée par cette seconde dérision, la fixation arbitraire du prix de la dépense ; nous avons le carré. Et comme si cela ne suffisait pas, comme si ces égorgeurs craignaient que le pauvre péon pût encore trouver, extérieurement, quelque crédit à un titre quelconque, il est interdit aux gens du dehors d'apporter des fournitures à la *hacienda,* d'y venir brocanter avec les péons. Cela aurait d'ailleurs l'inconvénient d'offrir des termes de comparaison aux prix intérieurs et l'air de mettre de grands propriétaires en concurrence avec de misérables colporteurs, fi donc! — quelle inconvenance!

Ainsi donc et en fait, un jeune homme tombé sous la dent d'un propriétaire pour quelques piastres, à 18 ans, ou né sur ses domaines, aura travaillé jusqu'à 60 ans et plus pour celui-là, *tous les jours de sa vie et du matin au soir,* se nourrissant de quelques misérables tortilles, vêtu d'une loque de peau ou de coton, et mourra DÉBITEUR du seigneur, son maître, et encore pour telle somme qu'il aura plu à celui-ci de faire écrire sur son livre! Voilà le péonage à l'œuvre.

La première fois que je rencontrai une chiourme de péons, — je n'avais encore vu que le péon de maison, le domestique —, c'était dans une *vinoteria* où l'on fabriquait du mescal[1]. L'établissement consistait en quelques affreux hangars où le *pulque* fermentait dans des peaux de bœuf soutenues par quatre bâtons reliés en carré. Un alam-

[1] Boisson fermentée faite du suc tiré par incision du magay. (*Note de l'éditeur.*)

bic antédiluvien, enterré sous l'ordure, distillait dans un coin. Tout au travers on pataugeait dans une boue de pulque et de détritus de magays pourris. En face, une masse de *pencas* mélangées et recouvertes de terre, cuisaient lentement à peu près comme une charbonnière. Enfin, un informe manége, bossu, boiteux, déhanché, servait à extraire la moitié tout au plus du jus des pencas cuites, de laquelle moitié une moitié au plus parvenait plus tard à l'alambic, —les trois autres quarts servent à maintenir la boue de l'établissement à l'état pâteux. Voilà, pour le remarquer en passant, le degré de perfectionnement auquel, en ce siècle dix-neuvième, le péonage a amené l'industrie mexicaine.

Autour de ces mêmes hangars et émergeant de ces mêmes pourritures j'aperçus plusieurs bauges recouvertes, à quatre ou cinq pieds au dessus du sol, de quelque fagotaille. C'étaient les domiciles de la population ouvrière de l'établissement. En avançant et regardant de plus près, et cette fois au dessous de la couche d'ordure, je vis des trous, des espèces d'entrées de souterrains, plus ou moins recouvertes par quelques brassées de branches mortes. Je m'attendais à y entendre grouiller des cochons mexicains, — des chiens européens n'en auraient pas voulu. Ce qui y grouillait, c'étaient les femmes et les enfants des péons. C'étaient encore des domiciles, civils et politiques par-dessus le marché, les péons étant hommes *libres* de par la loi mexicaine et ayant, je crois, le droit de vote, comme membres du souverain.

Le lendemain, c'était un dimanche, nous avions campé près de la hacienda du *palo blanco*. A peine étions-nous debout et mettant au feu le café du déjeuner, que je vis sur des échafaudages de la hacienda une nouvelle chiourme de péons demi nus, portant des pierres, de la boue en guise de mortier et exhaussant un bâtiment commencé. — Tiens! fis-je à l'un des guides, je croyais que c'était aujourd'hui dimanche? — Si segnor, asi esta. — Alors, comment se fait-il que les péons soient à l'ouvrage? — Les péons, segnor? on fait travailler les péons le dimanche comme les autres jours; il n'y a pas de dimanche pour les péons. Voilà l'humanité de cette magnanime canaille, la religion de cette catholique crapule!... ma foi tant pis, il faut bien les mots propres à désigner ces espèces.

Coupé du monde extérieur, en prison à vie, exploité, tondu, écorché au jour la journée, n'ayant pas même les récréations de sa religion (car je ne peux caractériser que par un mot tiré des distractions de l'enfance, la religion que l'Espagne et son clergé ont donnée au Mexique, entendant encore prendre la chose de son meilleur côté), jamais de repos, abruti, méprisé, traité comme un chien galeux, libre constitutionnellement et galérien à perpétuité ! avec la certitude de laisser, après sa mort, sa famille le boulet au pied dans la même galère ! voilà le sort du *citoyen* mexicain, une fois saisi par le péonage. Et quand la pensée trempe dans de telles ordures sociales, quand on songe qu'elles couvrent encore, dans la dernière moitié du dix-neuvième siècle, l'étendue d'un grand et beau pays, on ne parlerait qu'en termes châtiés et convenables de cet affreux virus qui syphilise constitutionnellement, dans toute cette étendue de la carte du monde, un bon, un excellent peuple, par la volonté d'une aristocratie cupide et stupide ! On serait tenu de n'en parler qu'en termes froids et compassés ! Je n'écris pas ici un mémoire officiel à Votre Excellence, je cause et laisse ma plume décharger le dégoût que me donne cette abomination. Il faut cracher le péonage à la face de ceux qui l'exploitent ou le tolèrent.

L'esclavage et le péonage sont séparés par le *Rio-Grande*. Je les connais pour les avoir vus, chacun de son côté et sur son terrain. Comparé au péonage, l'esclavage est une institution humaine, une fleur odorante, une bénédiction.

L'esclavage n'a sans doute ni pour effet ni pour but de développer chez le nègre la dignité humaine. Mais si, comme esclave et comme noir, celui-ci est tenu pour l'inférieur du blanc, le maître, dans la pratique commune de la vie du moins, ne se tient pas en manifestation permanente de mépris envers son esclave. Le plus souvent la domination revêt ici une expression d'habituelle bienveillance, de protection, et contient toujours, même au cas le plus défavorable, une sollicitude pour l'esclave qui garantit à celui-ci le minimum de bien-être nécessaire à la conservation de sa force et de sa santé, deux co-efficients obligés de sa *valeur*. Le plus grossier *slaveholder* traite au moins son nègre comme un cheval de prix, et le ton des rapports ordinaires de maître à esclave est généralement patriarcal.

Rien d'approchant pour le péon. La première fois que j'eus occasion de m'étonner du ton de mépris explicite avec lequel je le voyais traiter, sans que ce ton fût provoqué par un motif spécial, je demandai la cause de cette dureté envers des gens qui paraissaient bons ou au moins parfaitement soumis ; on me répondit : « Ces gens-là ! vous ne « les connaissez pas. Si vous les traitiez bien, ils « vous assassineraient. » — Celui qui me répondait cela n'allait pas plus loin. Il acceptait les données et en trouvait la conclusion parfaitement légitime. Il ne se doutait guères qu'il frappait ainsi, d'une condamnation légitime une institution infâme. Ce phénomène monstrueux (l'être humain assassinant un autre être humain *si* celui-ci le traite bien) lui paraissait prouver la perversité de l'individu et non la perverse action de l'institution. *Ab uno disce omnes* ou *quasi omnes*.

En résumé, il est acquis qu'en masse, l'Africain a subi, dans et par l'esclavage, un premier degré de dégrossissement, un commencement d'éducation ascendante ; au moins telle est la prétention des *slaveholders*. Nous venons de voir ce que, *au dire de ses exploitants,* le péonage fait de la bonne nature de la race mexicaine. *Habemus confitentes reos*.

J'ai dit un mot de l'industrie mexicaine, et je veux la caractériser par une simple observation. J'ai vu dans les États de Nuevo-Leon et de

Cohahuila—qui passent pour des modèles au Mexique— les mouvements de terre s'effectuer invariablement de cette façon : des péons grattent la terre avec de mauvaises pioches, des barres de fer, n'importe quoi ; d'autres, avec les mains ou n'importe quoi encore, jettent la valeur de quelques pelletées de *tierra suelta* snr un vieux sac de *pita* étendu sur le sol; après quoi les mêmes ou d'autres prenant à deux mains, l'un la tête l'autre la queue du morceau de toile, se mettent en marche pour porter leur déblai au lieu du remblai. J'ai vu, dans la capitale du Nuevo-Leon, la riche Monterey, les travaux publics s'effectuer de cette façon. Pour être juste, je dois dire, cependant, qu'en quelques occasions, une espèce de brancard, une sorte de civière grossière remplaçait avec avantage la loque de vieille toile. Mais de camion, de brouette, de quelque véhicule un peu civilisé ou raisonnable, je n'en ai vu nulle part, — si ce n'est dans une exploitation métallurgique dirigée par un Français, ancien élève de l'école de Châlons, appartenant à de riches Espagnols qui, par parenthèse, *ne veulent pas* du travail péon dans leur établissement. L'industrie proprement mexicaine est donc ici bien hors de cause. Je ne doute pas, au reste, que dans de grandes exploitations métallurgiques de l'intérieur, dirigées par des élèves de l'école des mines de Mexico, on ne trouve des exceptions, à la règle générale : mais ces exceptions ne servent qu'à mieux confirmer la règle.

Maintenant, d'où cela vient-il? Quelle est la cause, la cause fondamentale de ce phénomène étrange, d'un état industriel aussi barbare à l'époque où nous vivons? — le péonage.

La concurrence que se font, sur un marché de l'étendue et de la richesse de la France, par exemple, les fabricants d'un produit donné, paraît, et au delà, suffisante pour imprimer à la production nationale tous les stimulants dont elle est susceptible, indépendamment d'une concurrence extérieure. Cependant, il est passé à l'état de fait démontré et jugé, en économie politique, qu'une industrie protégée par la prohibition ou par des droits trop élevés y reste plus ou moins routinière. Si l'on veut qu'elle prenne essor et se monte au degré de perfection qu'elle peut atteindre, dans l'état de la science et des procédés techniques contemporains, il faut la découvrir peu à peu, et la livrer progressivement aux attaques de la concurrence étrangère.

S'il en est ainsi sur les champs industriels des

grandes nations, il devient clair comme le jour que dans un pays comme le Mexique, l'industrie ne peut, généralement, que croupir en stagnation honteuse et fétide, tant que l'entrepreneur y a sous la main le travail avili dont il dispose par le péonage. Ce travail, en effet, ne lui coûte à peu près rien, à vrai dire. Les considérations d'humanité, que le péonage annihile totalement chez le maître, étant absentes, il ne reste plus à celui qui exploite le travail péon que la routine et l'intérêt immédiat et grossier. — La routine, ce sont les procédés industriels qui se transmettent, au Mexique, sans modification depuis Cortez, en d'autres termes, les procédés dont étaient capables des flibustiers du seizième siècle, Espagnols faméliques, rivalisant à dévorer le pays qu'ils avaient conquis, aussi pressés qu'inassouvissables, et se partageant les populations indigènes à exploiter, non comme un bétail de prix, mais comme un bétail avili par son extrême abondance. — L'intérêt grossier et immédiat, c'est de se dispenser de toute amélioration qui demanderait la peine de la raisonner, de la trouver ou de s'en enquérir, et, en tout cas, des frais. Sans doute, deux hommes armés d'une pioche, d'une pelle américaine et d'une bonne brouette, feraient aisément plus de besogne que dix péons avec leurs mains et leurs lambeaux de sacs. Mais la besogne s'est toujours faite ainsi ; les bons outils coûteraient de bonnes piastres ; les péons n'en prendraient pas soin ; les instruments se perdraient, s'useraient, se casseraient et on ne saurait pas les réparer, etc., etc. Des vieux sacs, cela traîne partout et n'a pas de valeur ; des péons, c'est la même chose : si les sacs s'usent et crèvent, il sera facile de les remplacer, et si les péons s'usent et crèvent, c'est encore la même chose.

Et pourtant j'ai vu, tout à côté de ces faits, une fabrique de Monta qui pouvait rivaliser avec nos meilleurs établissements analogues, preuve qu'on peut faire quelque chose avec le prolétaire mexicain. Cette exception, il est vrai, avait été fondée, outillée, et était dirigée par des Américains du Nord. A deux lieues de là, il y avait un moulin mexicain très bien monté pour travailler en grand. Ces deux exceptions n'empêchent pas de voir, à mi-chemin entre elles, une corvée de quinze à vingt hommes, occupés à des réparations de route avec leurs sacs, leurs mains et des bâtons emmanchant des chicots de fer qu'on pouvait supposer avoir été, dans leur temps, des pioches — ou quelque chose d'approchant. Ainsi les points lumineux n'éclairent pas l'obscurité générale, ils ne font qu'en rendre les ténèbres palpables.

Je crois avoir démontré ma thèse, et prouvé que l'état barbare de l'industrie au Mexique, la stérilité, la pauvreté et les misères traditionnelles de ce pays, plein de tant de richesses naturelles, découlent, comme de source principale, de l'avilissement vénal du travail et de l'avilissement social du travailleur. J'aurais d'autres preuves à en administrer, si ma lettre ne menaçait déjà de tourner au volume. Résumons.

Le péon est un assassin *intentionnel*, et le devient, de fait, à ce que disent ses exploitants, si on le traite trop bien. —Le fait est qu'il n'est pas sans exemple, lorsqu'il la trouve belle, qu'il égorge ceux qui le commandent, fasse main basse sur ce qu'il peut saisir, et s'enfuie de l'*otro lado* avec les chevaux « de l'établissement qui le nourrissait » ; — l'ingrat !

Les péons sont tous voleurs. — Accordé.

Paresseux !... comme des *segnores* mexicains. — Personne ne le conteste.

Les plus détestables ouvriers du monde, n'ayant aucune volonté de bien faire, au contraire. — On ne saurait en disconvenir.

Sans énergie musculaire d'ailleurs, et, au moral, réceptacles de tous les vices. — Des gens si bien nourris et à si bonne école de vertu ! C'est étonnant, sans doute, mais le fait est avéré.

Voilà les faits de la cause. Articulés par les propriétaires des péons, ces faits constituent la criminalité chronique, endémique, la nature diabolique du péon ; c'est leur acte d'accusation contre les péons, à cette fin de se donner un verdict de justification à eux-mêmes pour eux-mêmes. Ils en concluent, en effet, la *nécessité*, — et conséquemment la légitimité, — 1° de conserver le péonage comme seul moyen de contraindre au travail le prolétaire mexicain ; 2° d'avoir recours, pour le tenir dans le péonage et l'y gouverner, à l'usage combiné du collier de force, du mors mexicain et du boulet de galérien, — le péon combinant lui-même, dans son être étrange, d'après la définition agréable à ces messieurs, la nature impersonnelle de la bête brute et la volonté vicieuse et criminelle d'une créature responsable.

Telles sont les conclusions de la partie intéressée, — un magma d'égoïsme féroce, de routine stupide et d'une ignorance... de grand propriétaire mexicain.

Les conclusions du bon sens un peu éclairé, du simple sens commun, civilisé et courant de ce siècle, sont :

L'institution du péonage est la cause génératrice de la perversité du péon et de ses vices ;

Si l'abomination doit être ici imputée, la culpabilité tombe *tout entière* sur ceux qui l'exploitent à leur profit. Le vol du péon ne serait d'ailleurs qu'une restitution infinitésimale, et ses assassinats, de bien maigres représailles. — Bref, le péonage fait le péon, et *les crimes* de celui-ci sont *le crime* des fauteurs et exploitants de l'institution.

En tant que procédé économique et comme moteur du travail national, le péonage est une machine barbare, consommant quatre-vingt-dix pour cent de la force motrice en résistances passives, en détériorations physiques et morales de l'ouvrier, réduisant enfin l'*effet utile* à son minimum et portant à son maximum la somme des *effets nuisibles*.

Mais jusqu'ici nous n'avons examiné le péonage qu'en lui-même, dans ses résultats directs et de première intention. Si nous voulons étudier extérieurement ses effets politiques et sociaux, le champ s'étend prodigieusement, — et ma lettre en s'y engageant deviendrait, ce que j'ai déjà craint, un volume. Je vais donc, comme sans doute j'aurais dû faire dès le commencement, tâcher de procéder par simples énoncés ; voici mes propositions :

Le péonage n'est qu'une autre forme de l'esclavage, où le Conquistador avait primitivement réduit l'Indien.

En prenant peu à peu cette forme, l'esclavage a cessé de s'appliquer exclusivement à une race, l'Indien, pour englober une classe, le prolétaire ou travailleur pauvre, mexicain. Le péonage saisit ainsi aujourd'hui les descendants pauvres du Conquistador lui-même.

Cette transformation n'en a fait qu'un échange hypocrite et pourri — bien pire que l'échange franc.

L'action démoralisante, émusculante et corruptrice du péonage ne vicie pas seulement les *individus* auxquels il attache son joug, mais bien toute la *classe* qui en est passible.

Les masses sont, au Mexique, en péonage *effectif* et en péonage *virtuel*. Le premier système communique au second son état moral comme un conducteur électrisé donne son état électrique au corps du même genre qui le touche (communication *par contact*). L'endémisme du vol, de l'inertie, de la passivité chez les masses, le lépérisme, etc., sont en très grande proportion, au Mexique, les conséquences nécessaires de l'existence juridique et pratique du péonage.

Le péonage vicie, émuscule et corrompt également la minorité qui l'exploite. L'ignorance vaniteuse, l'orgueil vantard, la nullité palabrante, la vanité sesquipédalienne, le mépris de l'humanité, l'*insubordinabilité* à la loi, que donne l'exercice habituel d'un despotisme illimité, sans contrôle et cruel, tous les vices moraux, civils et politiques enfin qui décorent, au Mexique, les classes placées en dehors et au dessus de la matière péonable sont, en majeure partie, le contre effet du péonage dans le corps social (développement *par influence*, séparation des deux électricités opposées et polarisation des vices contraires).

Sur ces classes on peut établir *à priori* les déductions suivantes :

La propriété territoriale, à ses divers degrés, vivant directement de péonage, doit fournir abondamment des sujets détestables.

Le corps judiciaire appliquant journellement à l'homme pauvre une loi qui, au lieu de donner force au *droit*, donne force au *tort* et pratique ainsi, sous le nom même de la justice, l'*ironie de la justice*, doit être le plus vénal et le plus corrompu du monde.

Le clergé catholique, complice, au Mexique, de l'abomination, l'exploitant âprement pour son compte et faisant servir Dieu à la consécration de cette infamie, a dû tomber dans la plus abjecte pourriture.

L'armée mexicaine, composée de chefs qui méprisent la matière dont se fait le soldat, et de soldats qui ne peuvent avoir que de l'aversion pour la classe d'où sortent leurs chefs, doit, toutes choses égales d'ailleurs, être aussi mauvaise que possible.

Tandis que l'aristocratie européenne, qui s'est formée dans les guerres de la barbarie et de la féodalité, où ses fondateurs ont longtemps payé de leur intelligence et de leur courage, recherchant encore plus le commandement que l'argent et pratiquant au moins l'honneur militaire, pouvait être *noble*, l'aristocratie, formée au Mexique, — une fois l'instant de la conquête passé, et quelle conquête ! — par une longue exploitation, avide, rapace, avare et féroce, de troupeaux de pauvres doux Indiens, ne pouvait être qu'une aristocratie vile et *ignoble*.

La classe des marchands, dont le but est d'amasser de l'argent en payant les choses au dessous de leur valeur et les vendant au dessus, et dont la profession dispose moins que toute autre aux sentiments élevés et honorables dans nos sociétés civilisées, doit être une des plus honorables au Mexique comme ayant, moins que les autres, à y exploiter le péonage et étant en contact moins direct avec l'institution.

C'est dans les artistes (s'il y en a), les savants et une partie des médecins que l'on doit rencontrer, en dehors des rangs purement populaires, le plus d'hommes honorables et réellement humains.

Je connais *à posteriori* la rectitude d'une partie seulement de ces énoncés, n'ayant vu qu'un morceau du Mexique et trop rapidement pour être en état de dresser un ensemble étudié d'observations sur ce pays. Mais je serais singulièrement étonné si ces déductions théoriques que je tire du péonage n'étaient pas conformes aux faits de la vie pratique. La physiologie et la pathologie sociales ont leurs lois aussi certaines que leurs analogues dans le corps humain.

Dans le peuple, les paysans des *pueblos*, les

artisans, tous ceux que l'éloignement des haciendas ou telles autres circonstances auront tenu le plus à l'écart et à l'abri du péonage agricole, industriel ou domestique, seront aussi les individus les meilleurs.

Je comparais tout à l'heure l'esclavage du noir au péonage ; si l'on dressait un parallèle régulier, il serait tout à l'avantage de l'esclavage.

Les trois traits sociaux et juridiques qui donneraient la clef de ce parallèle sont ceux-ci :

*a*[1]) L'esclavage s'applique à une race exotique, importée, tranchément différente et inférieure.

*b*[1]) Le péonage est un esclavage imposé à des indigènes, à des citoyens par leurs concitoyens de même sang et de même race.

*a*[2]) L'esclavage est un fait social franc, tranché, avoué, qui a son code régulier où tout découle logiquement d'un seul principe — qui se discute devant l'opinion de l'humanité et peut faire illusion à la conscience de ceux qui le soutiennent.

*b*[2]) Le péonage est un fait social bâtard, hypocrite, honteux, qui se cache dans l'ombre, qui n'ose pas même se désigner par un nom et dont l'existence juridique, au lieu de découler logiquement d'un principe donné — bon ou mauvais, ce n'est pas la question pour le moment, — n'est qu'un lâche déni du droit public, un holocauste pervers de ce droit à l'avarice du riche, une fustigation perpétuelle de la justice par la justice, une ironie juridique du droit en permanence au sein de la société et de sa conscience.

*a*³) L'esclave noir est, juridiquement dans l'État, la propriété du maître blanc ; comme personne, celui-ci peut s'y attacher ; comme chose, il est intéressé à en conserver la valeur : d'où, très généralement, des habitudes de protection et des relations de domination réglée, adoucie et patriarcale.

*b*³) Le péon n'est pas la propriété de son maître, mais celui-ci en est le créancier constitué geôlier avec carte blanche d'exploitation, et la faculté ouverte au péon d'essayer annuellement de changer de maître ; — ensemble qui réalise la combinaison la plus propre à engendrer des rapports véritablement inférieurs entre les parties.

On conçoit, dans un État contenant l'esclavage, le développement du droit, le règne de la loi, l'existence de vertus civiles et civiques, le patriotisme, l'honneur, des grands hommes, en un mot, un peuple, — quoique l'esclavage s'il ne se transforme ou ne disparaît, doive toujours finir par corrompre la société. Rien de semblable n'est compatible avec le péonage.

Les conclusions générales découlant de ce qui précède sont, à mon sens, que tant que le péonage ne sera pas radicalement détruit (on ne *saurait* pas le transformer et il n'est plus temps) au Mexique, on n'y verra, sauf exceptions plus ou moins rares, que :

Une agriculture chétive et misérable ;

Une industrie barbare ;

Un état domestique profondément vicieux et vicié ;

Le vol florissant, florissant partout, sur les grands chemins, dans les rues, dans les villes et dans les villages, dans les maisons (généralement ornées, et pour cause, de grilles et de barres de fer à toutes les ouvertures comme des prisons — qu'elles sont), florissant *partout*, je le répète ;

L'assassinat à l'occasion ;

La prostitution illimitée ;

Un corps judiciaire vénal ;

Un clergé dissolu, rapace, simoniaque, pourri et toujours prêt à comploter contre tout gouvernement qui ne se mettra pas à l'ordre de toutes ses fantaisies et au service de toutes ses dépravations;

Pas de soldats; des rassemblements épars de troupeaux plus ou moins militaires, forcément séparés, d'ailleurs, ici, par des espaces énormes, sans esprit de corps et sans unité, puisqu'ils sont sans honneur, toujours prêts à suivre des pronunciamentos quelconques, à reformer la horde et se transformer en bandits;

Des chefs toujours prêts à en faire — des pronunciamentos, et des plus absurdes, — et à se transformer eux-mêmes en chefs de bandes;

Partant pas d'armée;

Des fonctionnaires concussionnaires et tournant à tout vent;

Des *politiciens* — comme on dit très heureusement ici pour caractériser un véritable *trade* — intrigants, ambitieux, orgueilleux, toujours disposés à comploter et, la plupart, à passer d'un bord à l'autre avec autant de facilité qu'on boit un verre d'eau quand on a soif, ou que les officiers de l'armée française actuelle ingurgitent, dit-on, l'absinthe;

Enfin la lâcheté, la trahison, la cupidité et souvent la cruauté partout; — l'honnêteté nulle part; partant des populations de geôliers, de prisonniers et de corrompus ; un petit nombre de grands mauvais riches et des légions de misérables et de *leperos*.

Si l'on veut une armée, un gouvernement et un peuple au Mexique, IL FAUT Y SUPPRIMER LE PÉONAGE.

Voilà ma conclusion. Si elle n'est pas vraie, je consens, comme nous disions au collége, à l'aller dire à Rome.

Si l'empereur Maximilien veut rester au Mexique, *il faut* qu'il y supprime le péonage. C'est la condition *sine quâ non.*

Notez bien que je ne dis pas qu'avec cette condition il y restera ; mais je dis que c'est une condition obligatoire pour avoir chance d'y rester et que si, ayant fait cela, il se voit contraint d'en sortir, il en sortira du moins avec honneur et se sera taillé un grand nom dans l'histoire.

Sur cette conclusion je dois me hâter de clore ma lettre si je veux profiter de l'occasion qui se présente de vous la faire parvenir. L'année dernière, à pareille époque, ma communication eût pu s'arrêter ici. Vous eussiez facilement compris que le crime, et, ce qui en politique est, dit-on, plus qu'un crime, la faute, la faute capitale du parti libéral, est d'avoir, après des lois de réforme excellentes d'ailleurs, — laissé subsister le péonage au Mexique. Cette faute était une singulière bonne fortune pour l'Intervention; elle lui offrait, à la réparer, une justification dans l'histoire, — justification dont, à mon sens, elle aura un grand besoin, — de la même manière que la destruction de la religion sanglante des Astecs a presque servi de justification historique aux infamies de la première Intervention, celle de Cortez. Je me reproche beaucoup de n'avoir pas attiré, en vous le dénonçant l'an dernier, votre attention sur ce point. Peut-être alors vous eût-il été facile de faire rendre une décision; il n'y fallait qu'une ligne de l'autorité, déclarant que toute atteinte à la liberté individuelle, pour une *classe* de dettes et frappant une *classe* de personnes, étant contraire au principe de l'égalité des citoyens devant la loi, serait dorénavant tenue pour une violation de la loi et punissable comme telle. Aujourd'hui la chose se complique; de simples considérations générales, comme les précédentes, ne suffisent peut-être plus à l'œuvre et j'aurais bien des choses à vous soumettre, non plus seulement sur le sujet spécial de cette lettre, mais sur la situation du Mexique, qui me paraît singulièrement grave. Que si mes élucubrations ne vous apprennent rien de nouveau, vous en aurez été quitte pour avoir perdu une heure à les lire; et si je vous ai suggéré quelques idées auxquelles les nombreux chiens que vous avez eu à fouetter ne vous auraient pas laissé le loisir de penser, il y aura alors une compensation à cette perte. Sur ce. . .

## DEUXIÈME LETTRE.

Du 23 mai 1865.

*Mon cher Bazaine,*

Je vous disais, l'autre jour, en me reprochant d'avoir tant traîné à vous écrire, que je me sentais lancé, cette fois, et croyais bien que je me tiendrais ma promesse jusqu'au bout. Je commence à craindre que vous ne trouviez que je la tiens trop, car en reprenant la plume il me semble que j'ai à peine commencé et j'ai peur que vous ayez encore une lettre aussi longue que la précédente. Si vous avez d'aussi belles nuits que les nôtres, vous lirez mon fatras le soir avant de ou pour vous endormir.

J'ai fait, en passant, dans mon premier *factum* cette observation — qu'il était remarquable que le péonage n'eût pas même reçu *un nom* dans la langue du pays qui en use et en abuse.

Ce fait étrange mérite qu'on s'y arrête un peu.

D'abord il prouve que même la conscience mexicaine — vous savez quelle partie de la population désigne ici l'épithète — était et est encore mal à l'aise avec cette institution. Malgré les beaux arguments par lesquels on la défend en conversation, quand on la met en cause, on en comprend fort bien l'indiscutabilité publique et la honte. Je dis *en conversation* et quand on est forcé d'en parler, car notez qu'on n'en parle jamais volontiers. C'est un sujet qu'on tient, d'un accord tacite et commun, dans l'ombre. On le couvre avec un tel soin qu'il ne m'est encore tombé sous la main, malgré mon avidité à rechercher tout ce qui concerne le Mexique, aucun ouvrage, aucun document, aucun livre de voyage, roman, ou nouvelle dont les scènes se passent en ce pays, rien enfin où il soit un peu question du péonage. Si cet esclavage — je fais beaucoup d'honneur à la chose — n'était pas si bien masqué et caché, comment se ferait-il que tant de livres sur le Mexique et ses coutumes, écrits par des voyageurs anglais, français, américains, etc., traitant de tout ce qu'ils y ont vu et connu et de mille autres choses encore, n'en aient pas même fait mention? Le péonage est profondément ignoré en Europe. Comment n'en serait-il pas ainsi puisque le monstre, qui est partout dans le pays, y paraît inconnu même aux écrivains voyageurs? Il est pourtant impossible que tous ces auteurs, dont quelques uns sont loin de manquer d'observation et de critique, aient passé sans le voir. On leur aura conté et ils auront admis que cette servitude est le seul moyen de faire travailler l'homme de descente aborigène, et tout aura été dit.

J'ai lu beaucoup de journaux mexicains, quelques uns rédigés dans un excellent esprit, entre autres le *Siglo dies y nueve* de Francisco Zarco. Ces journaux soutenaient ardemment les réformes, parlaient même en termes généraux de l'amélioration du sort de *los indiginos*, de la nécessité de les instruire, etc., jamais je n'y ai déniché une protestation, un mot, une allusion, si éloignée qu'elle fût, à l'affreuse exploitation dont le prolétaire y est l'objet, d'un bout à l'autre du pays, je suppose! Juarez est un Indien et il serait ridicule de contester qu'il se soit montré un représentant énergique des idées modernes et du droit au Mexique. A-t-il accompli cette Réforme qui, parmi toutes les Réformes, semblait lui incomber spécialement? Je ne doute pas qu'il en fût partisan *in petto*. Je n'en infère ici, que ni lui, ni les hommes à sentiments sérieusement honorables et avancés, *rari nantes*, *n'ont osé* le proclamer et l'accomplir[1].

Ainsi les Mexicains, — et je pense que c'est le fait de toutes les anciennes colonies espagnoles, — sont parvenus à cacher parfaitement leur maladie honteuse au monde civilisé et, en quelque sorte, à se la cacher à eux-mêmes. Ils ont bien fait, par Dieu! un autre miracle : ils ont fait célébrer dans l'univers leurs lumières, leur générosité, leur magnanimité en abolissant pompeusement chez eux l'esclavage (noir) après leur indépendance! — Les applaudissements du libéralisme qui accueillirent cet acte, en Europe, retentissent encore dans les histoires les plus récentes qu'ils écrivent sur le Mexique. Mais si nous remarquons d'abord qu'ils avaient peur de nous, ensuite que l'esclavage est une duperie *qui ne paye pas*, quand on a tant de péons sous la main, nous trouverons que le miracle ne fut qu'un tour de gibecière et la magnanimité des émancipateurs une affaire profitable. *Vanitas vanitatum*....

[1] Ils l'osent aujourd'hui et à leur honneur. Les relations de l'auteur de ces *Lettres* avec d'éminents personnages d'entre les libéraux mexicains et la vivacité avec laquelle il n'a cessé d'attaquer près d'eux le péonage, n'ont peut-être pas été étrangères à la proposition formelle d'abolition de cette odieuse institution. *(Note de l'éditeur.)*

Que le péonage n'ait pas de nom au Mexique, j'en infère, en l'absence de documents précis, qu'on n'a pas *osé* lui donner une existence juridique dans l'État, qu'il y a au Mexique des péons mais pas de péonage, que cette institution de fait, de coutume, n'y est pas seulement une institution dans le sens légal du mot et qu'elle n'y a sa base que dans les traditions des basses régions du cloaque de la justice mexicaine, conséquemment qu'il n'y a qu'à exposer la bête au grand jour pour la faire crever sur le champ.

Que les hommes du parti libéral n'aient pas osé tuer la bête, cela prouve, avec l'évidence d'un axiome, l'ignorance économique, l'égoïsme routinier et la pourriture du parti en général. Il n'en est pas moins vrai que Juarez a commis sa faute capitale en pactisant avec le crime de son parti. Que si, au moment où toutes les forces vives de la nation étaient aimantées contre l'Intervention, il eût proclamé l'abolition du péonage comme complément indispensable de la Réforme, l'incompatibilité de ce fait avec les principes de celle-ci, et montré à la nation, dans un manifeste énergique, l'odieux du maintien de cet héritage de la domination espagnole et de la barbare exploitation du peuple mexicain, l'infamie d'un système où les hommes appelés à verser leur sang pour repousser l'envahisseur étaient exposés, dans le pays qu'ils auraient défendu, à tomber en esclavage au profit de ceux-là mêmes qu'ils auraient sauvé de la domination étrangère; s'il eût, dis-je, agi et parlé ainsi et accompagné la mesure d'affranchissement d'une loi de concession de terres à tous les péons qui auraient porté les armes et servi honorablement, l'illustre Forey n'aurait probablement pas été réduit à se préparer à lui-même des Puebla pour gagner le bâton — qu'il a parfaitement mérité, à la seule condition de s'entendre sur la manière dont il devait lui être administré...

Ma conclusion est que la suppression du péonage pouvait seule donner au Mexique une armée nationale, capable de jeter Forey à la mer et, probablement, avec lui l'Intervention. J'ai vu fort peu de journaux de France et n'en ai pas reçu une seule lettre, depuis le blocus; mais j'en ai assez compris et senti et, plus tard, appris, pour être convaincu que la guerre du Mexique n'y était rien moins que populaire et que l'empereur qui avait déjà dû être fort surpris du premier échec, sous Laurencez, et à qui on avait fait évidemment, sur le Mexique, beaucoup de contes bleus qu'il avait gobés, passez-moi le terme, y aurait regardé à deux fois avant de recommencer. — A l'occasion (et ce n'est pas absolument une critique que j'entends faire ici, au contraire), il sait fort bien reculer.

Quoi qu'il en soit, les hommes de principe du parti libéral, en manquant à leur premier devoir, ont aussi manqué la belle. Ils ont mérité — historiquement — d'être vaincus, comme l'aristocratie polonaise de 1830, toute *nationale* qu'elle fût et malgré ce que sa révolution a eu de formidable, l'avait mérité elle-même en n'affranchissant pas les serfs. Cet affranchissement lui eût donné, par l'accroissement de la masse et de la vitesse, une force vive, un moment dynamique et même une puissance de propagande slave, contre lesquels il est très permis d'admettre que l'autocrate russe eût pu voir s'abîmer ses armées. — Si nous sommes encore condamnés à avoir de la guerre en ce monde, j'espère que nous avons atteint une époque où, de règle générale du moins, la victoire finalement restera au *droit armé*.

En tout cas, la défaillance du libéralisme mexicain dans son œuvre de réforme avait laissé à l'Intervention beau jeu sans qu'elle en sût rien, et de cette Intervention je vais parler un peu, si vous le voulez bien. J'ai eu la chance, depuis les négociations de la Soledad jusqu'au commencement de l'année dernière, d'avoir assez souvent des journaux mexicains, et assez de numéros du *Moniteur* et de quelques autres journaux français pour pouvoir contrôler les documents des premiers. J'y ai vu constamment que ceux-ci donnaient *tout et tel que,* tandis que l'opinion publique en France était tenue, sur les éléments diplomatiques de l'Intervention aussi bien que sur les *faits* de guerre eux-mêmes, dans une nuit profonde, éclairée seulement par des lumières officielles, semi-officielles et menteuses. Sur les causes de la guerre, sur les réclamations françaises, sur les faits et gestes, les arguments et les droits du gouvernement mexicain ; sur les dispositions des populations ; sur l'origine, la conduite et le but de l'Intervention enfin, la presse indépendante, si elle a eu quelques documents, s'en taisait et pour cause ; la presse officielle ou souteneuse mentait à pleines colonnes ; la bouche ministérielle, — M. Billault et successeurs, — mentaient en pleine tribune ; la France mentait dans ses proclamations aux Mexicains, mentait dans ses déclarations au monde ; enfin quand l'illustre capitaine qui a couronné sa gloire à Puebla, *la malprise*, en avait encore à Orizaba pour quatre ou cinq mois de préparatifs avant de marcher — quelque chose comme le 1er et le 2 janvier, si j'ai bonne mémoire — j'ai vu un journal français — de ceux par lesquels nos gouvernements successifs se plaisent à se faire soutenir comme la corde soutient le pendu — annonçant la prise de Mexico et donnant pour parfaitement certain qu'à l'arrivée du premier paquebot, le gouvernement en publierait la nouvelle officielle; il n'y avait pourtant pas eu cette fois de Tartare.

En somme, je crois avoir un peu connu cette Intervention, qui l'est peut-être fort mal, en France, encore à l'heure qu'il est, une Intervention diplomatiquement commencée et conduite par des.... et des..., le dernier plus connu au Texas, où il a fait ses débuts sous le nom de *Pigman* qu'il y a légitimement conquis; fondée sur des réclamations Jecker et autres plus ou moins valables ; colorée par des allégations d'assassinats fabuleux, de crimes atroces commis contre des Français par ou à l'instigation de Juarez, formant des légions, *mais que l'on se gardait bien de jamais spécifier, malgré les défis chaque jour portés par la presse mexicaine d'en citer au moins quelques uns comme échantillons;* allumée par des calomnies tellement impudentes que les reflets en teignaient jusqu'aux discours de Jules Favre, l'Opposition la plus décidée contre la guerre s'y laissant tromper et prendre elle-même; une Intervention, ayant pour alliés au Mexique des Marquez, des Labastida, des Miramon — car ce misérable, allié virtuel, l'eût été *de fait* sans les Anglais et peut-être la rivalité d'Almonte, — c'est à dire des bandits, des voleurs, des assassins et le clergé politiquant du Mexique, liè de traîtres, et de traîtres mexicains! Une Intervention enfin militairement conduite par..., enfin par ce nouveau Vauban inventeur du tir en brèche contre les villes ouvertes, la brute enfin qui, commandant une expédition au Mexique, n'en savait pas même *lire la carte* et confondait, après un séjour prolongé dans le pays, le port de Matamoros à la bouche du Rio-Grande, connu de tout le monde civilisé par l'importance que lui avaient donnée la guerre de la sécession et l'expédition qu'il commandait lui-même, Matamoros, par où Juarez recevait la plus grande partie de ses ressources, avec une misérable bourgade du même nom perdue dans l'intérieur du pays!

Admettant que je puisse avoir été induit en erreur sur quelques faits de détail, je n'en crois pas moins pouvoir poser qu'à côté de cette Intervention, l'intervention de Walker au Nicaragua, que le monde civilisé a traitée de flibustière, était resplendissante de droit et d'honnêteté. Quant aux qualités des deux chefs d'expédition, je ne ferai certes pas à Walker l'injure de la comparaison, même la plus éloignée.

Eh bien, c'est avec cette opinion sur l'Intervention que je vous ai dit qu'elle aurait encore pu se faire justifier par l'histoire en abolissant le péonage. Car, l'eût-elle fait, l'histoire eût bien été obligée d'enregistrer à son crédit la *création d'un peuple* et *d'une nation*, là où il n'y avait ni l'un ni l'autre.

En reconnaissant, dès que vous fûtes à la tête de l'expédition, la possibilité de cette réforme, je me disais : la responsabilité de l'intervention *en soi* restera à l'Intervention, et les conséquences, le résultat social, appartiendra à la France. Son drapeau aura du moins marqué son passage par un bienfait souverain, son esprit émancipateur aura laissé son empreinte. — Voilà pourquoi je voulais vous écrire et l'eusse fait certainement si Vidauri m'eût mis alors, comme il me l'avait promis, en rapport avec la personne qui devait vous faire parvenir ma lettre. Au reste, sachant plus tard qu'il était à Mexico, je pensais qu'il vous aurait communiqué mes lettres ouvertes dont deux étaient presque entièrement consacrées à cette question, sur laquelle j'avais d'ailleurs travaillé autant que je l'avais pu à catéchiser Vidauri lui-même.

Maintenant l'œuvre dépend de l'empereur Maximilien et s'il en comprend la nécessité et l'accomplit bravement, eh bien, d'abord elle sera faite arrive qu'arrive; ensuite, faite par lui, elle acquerra une portée qui peut avoir des conséquences plus importantes au monde que si elle eût été produite directement par l'Intervention elle-même. Je vous parlerai avec la plus entière liberté sur ce sujet comme sur tous les autres.

Je ne savais pas grand'chose de Maximilien quand il est arrivé au Mexique; seulement, bien qu'il fût un prince autrichien, ce qui n'établissait pas une prévention précisément favorable aux yeux de tout le monde, j'avais quelque vague espoir qu'il se montrerait assez éclairé et libéral. Inutile d'énoncer les divers motifs de cette espèce de pressentiment; ses délais à accepter la couronne et sa réponse à la députation qui la lui avait offerte étaient, notons-le cependant, au nombre de ces motifs.

Quoique, dès l'époque à peu près de son arrivée à Vera-Cruz, je n'aie plus vu que par-ci par-là des journaux mexicains et presque plus du tout de journaux français, je n'ai pas tardé à reconnaître qu'il était évidemment animé de très bonnes intentions. Le côté du pressentiment gagnait, celui des préventions perdait et je tins bientôt pour acquis qu'il fallait plutôt voir en lui le gendre du roi des Belges que le frère d'un empereur d'Autriche. C'était quelque chose. C'était même déjà beaucoup, quand un paquet accidentel de journaux qui m'arriva, m'apprit que les lois de Réformes, loin d'être mises en question, seraient au contraire plus honnêtement exécutées par le gouvernement de l'empereur qu'elles ne l'avaient été par leurs auteurs. Le rescrit dans lequel Maximilien invitait son ministre à passer outre, sans plus attendre les instructions de Rome qui se trouvaient si singulièrement absentes (singulièrement en apparence, car rien de plus conforme aux pratiques de la décrépitude pontificale) et les décrets qui vinrent plus tard en conséquence, manifestaient non plus seulement de bonnes intentions, mais de la volonté, de la fermeté, de la décision dans l'exécution. L'empereur, au lieu de se mettre à la remorque des rétrogrades, des traîtres, des alliés de l'Intervention enfin, s'était fait franchement libéral, démocratique, national et ne remplaçait le gouvernement renversé par vos baïonnettes que pour en mieux réaliser les principes. Pour un empereur, c'était parfaitement bien; pour un prince autrichien devenu empereur par cette Intervention, c'était magnifique.

Je me suis pris, dès lors, à espérer de Maximilien — et sans qu'il y fût besoin du *tolle* qui suivrait comme une explosion la dénonciation du péonage au monde civilisé — la Réforme capitale, la Réforme vraiment démocratique et sociale au Mexique, la Réforme *sans laquelle* les autres, tout excellentes qu'elles soient en elles-mêmes, ne constituent qu'un système bâtard, hypocrite, une réalisation du droit contenant une négation catégorique du droit, une monstruosité juridico-constitutionnelle enfin, qui a tourné à la condamnation du parti qui les a faites, en manifestant la pusillanimité et l'égoïsme bourgeois et mauvais riche dont il était encore trop empreint.

Résumant et posant des conclusions pour un nouveau point de départ, je dis : Évidemment Juarez, Indien, homme de principes, homme du droit, a dû vouloir la suppression du péonage.

Avec son entourage et son parti, *il ne l'aura pas osé*. — Je n'ai absolument ici, il est vrai, que des inductions, et les motifs en sont même contenus dans cette courte phrase, mais je serais bien étonné si je ne déduisais pas juste : en tout cas je conclus que cette défaillance au droit a fait sa faiblesse devant l'armée de l'Intervention. Il est tout aussi évident pour moi que Maximilien doit vouloir cette réforme; j'ajoute *qu'il faut* qu'il l'ose. C'est sur ces quatre derniers mots que nous avons maintenant à causer.

Disons d'abord que, par ce même paquet de journaux de janvier et février, les derniers que j'aie eu sous les yeux, je vois que, sans que l'on semble encore se douter de l'existence des éléments du pays, il est fortement question d'émigration européenne. On discute, on presse l'émigration, on veut l'attirer par tous les moyens; le gouvernement nomme des commissions pour la favoriser et la hâter, etc. Donc l'on sent fort bien, dans la presse progressive et au gouvernement, que ni civilement, ni politiquement, ni économiquement, sous aucun rapport enfin que celui du nombre, il n'y a de peuple au Mexique. — On est pressé d'y en avoir un et on le demande... à l'étranger.

Que l'on désire au Mexique une nombreuse population de travailleurs européens, que l'on y attire un courant d'immigration aussi large, aussi profond et aussi fort que possible, c'est très bien et j'y applaudis. Mais, nom de Dieu ! si l'on veut faire un peuple mexicain, une nation mexicaine, ne pourrait-on pas songer aussi pour cela, d'abord ou au moins en même temps, aux Mexicains eux-mêmes? Je m'en tiens à cette interrogation ayant fourni déjà les éléments de la réponse.

L'empereur était pressé d'avoir une armée. Il avait bien raison. Il en a tout de suite demandé une à l'Europe. Il a eu encore parfaitement raison. En fait d'armée, il n'avait pas un moment à perdre. Il en fallait une, immédiatement, et sur laquelle pouvoir compter. Or, il ne pouvait, au début, compter *sur rien* au Mexique. — Quelles qu'aient pu être en Europe les prévisions, prouvées par ses délais, de sa prudence et de ses défiances à cet égard, je n'ai jamais douté qu'une expérience de quelques mois de Mexique ne pût et ne dût encore le désillusionner. Il ne devait trouver au Mexique que des planches pourries. Quiconque connaissait un peu le pays aurait pu, ayant son franc parler, le lui garantir. Une force étrangère, indépendante des anciens partis, indépendante de l'Intervention, sans traditions dans le pays, neutre en quelque sorte, convenait parfaitement d'ailleurs au début et au caractère arbitral qui convenait à Maximilien lui-même.

Mais cette force étrangère pouvait-elle être autre chose qu'une grande gendarmerie et le noyau d'une armée régénérée et mexicaine ? Et y avait-il un moment à perdre pour créer cette dernière? conséquemment pour en créer la condition d'existence, les éléments? Or, étaient-ce des traîtres, des vaincus de la veille ou du lendemain, des Mexicains du Mexique actuel et des péons qui pouvaient être ces éléments? Non certes, cinquante mille fois non! Parmi ses ennemis, parmi ceux qui ont continué à défendre contre lui leur nationalité et l'honneur de leur pays, tels qu'ils ont parfaitement le droit de les sentir et de les comprendre, et qui se rallieraient à lui comme plus capable qu'aucun autre d'accomplir les Réformes inaugurées par le gouvernement que l'Intervention est venue renverser, parmi ceux-là Maximilien pourrait trouver des exceptions honorables. En dehors de ces exceptions, *s'il compte* sur un seul de ses généraux, de ses officiers, sous-officiers ou soldats mexicains, je crois sincèrement qu'il se trompe. Il n'y a peut-être pas un de ceux-ci qui, en un cas donné, ne soit prêt à lui péter dans la main.

S'il veut des soldats, qu'il fasse des citoyens.

Ce théorème, qui vient ici en conclusion, est plus impératif au Mexique que partout ailleurs. En Europe, dans nos vieux pays à vieilles traditions militaires et régulières, on peut faire des soldats avec des populations quelconques. Les paysans russes, autrichiens, etc., sont fort peu citoyens, sans doute. Au Mexique, le peu de densité des populations, les vastes solitudes, la douceur des climats, le tempérament et le caractère mexicains, quarante ans de pronunciamentos sans nombre et de toutes les couleurs, d'infidélité à tous les drapeaux, dix autres causes secondaires, et par-dessus tout le péonage, la cause mère, sont les éléments d'une démonstration qui ne laisserait aucun doute sur le théorème. Il est superflu d'entrer, avec vous, dans une démonstration régulière.

La situation de Maximilien est, à mon sens, une des plus extraordinaires qui se rencontrent dans l'histoire. Comme empereur elle est des plus difficiles, des plus périlleuses, mais elle offre un des plus beaux piédestaux de l'histoire à celui qui la dominerait, et en y montant se sacrerait grand homme.

Il y a passé deux ans, je me trouvais à Monterey où j'étais allé par occasion pour voir un peu de Mexique et chercher des cactus dans les montagnes. Vidauri me demanda ce que je pensais de cette guerre? qu'est-ce que l'on voulait? L'expédition, — qui était encore à Orizaba, — avait-elle pour but seulement d'effacer le fiasco du 5 mai? Était-ce une simple affaire d'honneur militaire — comme on disait si sottement dans ce cas — ou une intervention, une conquête du pays *at large?* Que voulait-on?

C'était une singulière énigme que votre expédition. On ne trouvait guère de gens qui se flattassent d'y voir clair, et pour moi je n'étais pas du nombre. Cependant, je répondis à Vidauri qu'il pouvait tenir pour certain que le but dépasserait celui d'une simple réparation de la déconfiture de Puebla; qu'on ne se proposait pas de traiter avec Juarez, et qu'on voulait avoir le Mexique à sa disposition. Pour y faire quoi? je n'en savais rien précisément, et peut-être, même aux Tuileries, on n'avait pas encore des idées bien nettes à ce sujet; mais, très certainement on voulait avoir le pays. J'ajoutais qu'on voudrait bien pouvoir en faire *ses Grandes-Indes*, non sans doute avec l'intention d'y exploiter les populations mexicaines comme le sont, là-bas, les Hindous, au contraire ; mais que la chose était difficile et que, dans tous les cas, on n'oserait ni ne voudrait la tenter franchement. — Dans ces limites, j'avais des motifs tout à fait plausibles, et j'ajoutais qu'une grande puissance européenne pouvait certainement, étant donnée la guerre civile de l'Amérique du Nord, conquérir le Mexique ; mais que, plus certainement encore, aucune, l'eût-elle pris et occupé tout entier, *ne s'y maintiendrait ;* bref et en somme, qu'on s'était engagé dans une affaire à mon sens aussi absurde en soi, qu'en soi, et pour employer un terme modéré et parlementaire, elle était injuste. Je comprenais fort bien que le point sur lequel Vidauri désirait surtout être fixé était si, une victoire remportée et l'armée française à Mexico, on traiterait ou non avec Juarez, — ce que beaucoup de gens soutenaient encore, et qui était effectivement la seule chose raisonnable. Sur ce point j'étais fixé, et mon langage, sans nulle intention d'ailleurs, n'inclinait pas à l'indécision. L'intention d'*intervenir* était évidente. On protestait trop contre toute pensée d'intervention dans les affaires intérieures du pays, pour n'être pas parfaitement décidé à les tripoter à sa guise. Un procédé qui ne m'a pas encore trompé dans la recherche du mot des énigmes impériales est en rapport avec une définition originale de lord Cowley qui répondait à des questions sur le président de la république ou l'empereur des Français, — je ne me rappelle plus l'époque au juste : « C'est un homme qui ne parle jamais, mais qui ment toujours. » — Qu'est-ce donc quand il parle ! — Il y avait à mon opinion des motifs spéciaux sans doute ; mais celui-là m'eût suffi, et je pense que le haut et puissant sujet de la définition admettrait, intérieurement au moins, que le procédé a du bon. — L'auteur de la *Vie de Jules César* ne serait même pas trop en droit de s'en fâcher.

Mais je tombe dans un bavardage qui, bien que n'étant peut-être pas absolument dénué de toute connexion avec mon objet, allonge trop la route. Je voulais arriver à esquisser, comme je le comprends, les périls et la grandeur de la situation de l'empereur Maximilien ; pour cela faire, il faut que je reprenne l'Intervention, dans ses données politiques au moins, car cette situation de l'empereur et l'empereur lui-même en sont la suite. Ma thèse est celle-ci :

L'Intervention, politiquement, était absurde, — ce terme étant pris dans son sens en géométrie.

La situation qui en est directement sortie, l'empire de Maximilien, devait, en conséquence, être également absurde, c'est à dire traduisant en langage politique, impossible — dans les données directes et intrinsèques de l'Intervention.

L'impossibilité était double, impossibilité intérieure et impossibilité extérieure (impossibilité mexicaine et impossibilité américaine), et ces deux impossibilités ne constituaient pas deux termes qui s'ajoutent l'un à l'autre, mais bien deux impossibilités qui se multiplient l'une par l'autre — un produit et non une somme.

Les chances favorables à cette situation sont toutes en dehors des données de l'Intervention et des secours qu'on pourrait en attendre. — Elles sont fortuites, pour parler le langage ordinaire, quoique leur maniement les puisse ramener à une loi supérieure qui n'a rien de fortuit, loin de là.

Les chances intrinsèques, les armes de Maximilien sont en lui seul. La situation demande un cœur très noble et une vue éclairée par une très ferme intelligence.

Enfin, sa politique doit être la négation systématique et résolue, la destruction et le *contraire catégorique* de celle qui a été le principe, l'espoir et l'âme de l'Intervention.

A ces conditions, il peut sauver la situation, et, s'il la sauve à ces conditions, il aura en même temps sauvé l'honneur (ce qu'on appelle l'honneur) de la pauvre Intervention, et, ce qui pèse beaucoup plus, de *hauts* intérêts de la France, du Mexique, de l'Amérique elle-même et du monde, — car nous sommes arrivés à une époque où le champ des révolutions, des guerres et de tous les événements de quelque importance n'est plus telle ou telle nation, ni même tel ou tel continent ; maintenant, comme disait l'apôtre, *le champ, c'est le monde*.

Sans ces conditions, s'il ne veut pas cela ou s'il ne peut pas cela, — je crois le voir aussi clairement que je vois le papier sur lequel je vous écris et en pleine lumière tropicale, — il ne lui reste, dans l'intérêt de son honneur et dans d'autres intérêts fort graves — et plus graves, — qu'à préparer dignement son abdication.

Voilà ma thèse. Je crois pouvoir la démontrer rigoureusement. Maintenant, qu'elle puisse paraître saugrenue ou visionnaire, et que vous-même, mon cher maréchal, la considériez comme appartenant aux régions du romantisme politico-social beaucoup plus qu'à celui du positivisme pratique et au sens des affaires, vous devez en connaître assez sur mon compte pour savoir que, par caractère comme par une longue habitude de la chose, — et quoique j'en fusse certainement fâché, — je serais à cent lieues de m'en fâcher. Cependant, je ne puis guère m'empêcher d'avoir ici quelque confiance dans ma manière de voir, quand je réfléchis que depuis quatre ans mes épaules d'utopiste se haussent d'elles-mêmes à la crasse ignorance de la Grande Politique européenne sur les choses de l'Amérique, aux utopies et aux bévues de ses politiques classiques et *pratiques*, à la masse de dangers et de hontes qu'ils ont, à plaisir, préparée et accumulée pour l'avenir; quand je réfléchis, enfin, que les événements, au lieu d'aller comme le croyaient et le voulaient les hommes de la politique sérieuse, ont, en gros et généralement même en détail, été précisément comme les avait rêvés et annoncés le visionnaire. Quoi qu'il en soit, je cause avec vous, voilà tout. Si cela peut servir à quelque chose, j'en éprouverai une joie profonde ; sinon j'aurai toujours eu le plaisir de cette causerie, — et ce n'est pas rien pour moi, dans mon coin perdu, qu'une occasion de dérouiller un peu mon esprit, recouvert de dix années d'oxyde, et de le retremper un moment dans les idées qui étaient ma vie, — au temps où j'étais vivant. Bref, il est agréable de se sentir ressusciter; je l'éprouve et je me reconnais votre Lazare.

Une occasion se présente de vous envoyer ceci. Il faut que vous excusiez mon décousu. Je ne vous écris qu'à bâtons rompus. Je vous ai quitté à la fin de l'alinéa précédent pour aller cuire mon pain; la pâte touchait au couvercle de la marmite! Nous sommes ici nos propres péons et nos nègres. Il y a toujours quelque chose à faire au ménage, au jardin, à mes poules, que sais-je? Avec cela que depuis quelques jours les cloches de la ville voisine sonnent de temps en temps l'alerte, parce que nous vivons dans l'agréable expectative d'être, d'un instant à l'autre, pillés par les soldats de feu la Confédération du Sud, qui couvrent les routes en troupes spontanément débandées, mais encore armées, — pour leur compte. La suite donc au prochain numéro, et — bien cordialement — à vous.

## TROISIÈME LETTRE.

Du 2 juin 1865.

Je reprends et j'attaque ma thèse. Pour établir l'ordre compatible avec les conditions d'interruption et de décousu où j'écris, j'essayerai de traiter séparément les divers chefs de son énoncé.

L'INTERVENTION ÉTAIT ABSURDE. — Ici j'entends strictement, par intervention, l'invasion du pays en vue d'y établir un ordre de choses à la guise de la puissance envahissante. Cela va de soi.

Quel but se proposait l'Intervention?

La critique, qui veut être raisonnable, doit être libérale, et peut-être même ne serai-je que juste en admettant, parmi les motifs intégrants que je vais rechercher, une vue élevée, appartenant véritablement à la haute politique.

Les deux races, la mexicaine et l'anglo-saxonne, sont contrastées en *mineur* et en *majeur*. La dernière, dans l'état encore fort grossier de développement où elle se trouve, surtout vers les frontières par où elle accomplit sa rude conquête sur la nature sauvage, dévore ce qu'elle rencontre. Malgré les intentions généralement bienveillantes et les mesures protectrices du *gouvernement central* envers les Indiens, l'Indien disparaît comme le Buffalo devant la marche de l'*individu* anglo-saxon. C'est le fait. La race mexicaine est donc menacée d'engloutissement par le flot qui avance sur elle.

La pensée de détourner ce flot, de préserver, sur le continent américain, l'existence et l'avenir des races, je ne dirai pas *latines*, mais de *langue latine*, constituait donc en elle-même une vue élevée et de politique vraiment *humanitaire*, — ce mot n'étant nullement susceptible ici d'un sens sentimental et sur lequel il soit donné à l'ironie de MM. les gens d'esprit de la politique *pratique* de mordre le moins du monde, ils y useraient leurs petites dents, — il signifie la politique qui a en vue l'aménagement des grands intérêts de l'espèce humaine sur son globe ; — politique qui est, à cette époque, et sera de plus en plus à l'avenir la seule *qui payera* — dirai-je, pour parler la langue et les sentiments de la politique pratique — et pourvu qu'on ne tienne pas exclusivement compte des payements au comptant, qu'on songe aux échéances.

Cette idée supérieure, je ne demande pas mieux que de l'inscrire au *crédit* de l'intervention (soit $C^1$.); malheureusement, je le montrerai tout à l'heure, il y a à peu près vingt-sept ans que la politique pratique a laissé échapper la belle occasion d'accomplir cette œuvre.

$D^1$. Si la critique doit être libérale, il faut aussi qu'elle soit stricte, c'est pourquoi à côté de la vue supérieure que j'ai, sans discuter, inscrite au crédit de l'Intervention, j'en dois inscrire, à son *débit*, une inférieure, et celle-ci, acquise et prouvée : Une jalousie formelle de l'extension des États-Unis, un désir avéré de contre carrer l'accroissement de leur grandeur et de leur puissance.

$D^2$. Malheureusement encore, ce dernier énoncé est, en ces termes, incomplet et simpliste, et il faut inscrire sur le même sujet cet autre chef au débit : L'envie de détruire cette puissance, d'aider à la diviser et d'inoculer à ce Continent le virus constitutionnel qui, sous le titre pompeux d'*équilibre européen*, est, en politique générale, la cause de la diathèse épileptique des États du vieux monde, de ses guerres et de ses misères.

*D*[3]. L'intention de se faire, directement ou indirectement et du plus au moins, ce que j'ai appelé *ses Grandes-Indes* en Amérique : vue probablement mal définie, sujette à être modifiée par les éventualités, les futurs contingents, mais très caressée à l'état d'espoir vague.

Peut-être quelque bénéfice, en Europe, du cadeau d'une couronne en Amérique, fait à une famille souveraine avec laquelle on était en compte courant (mémoire).

*D*[4]. L'intention d'occuper les esprits, de faire rimer gloire et victoire, d'avoir son petit pendant à l'expédition d'Égypte, et enfin, pour vous MM. les enfants gâtés, les militaires, d'entretenir la culture des épinards — spécialité du porte-graines.

*D*[5]. Celle de donner, en ayant l'air de venir au secours de l'autel et du catholicisme au Mexique, une satisfaction (passagère, un leurre) à la cour pontificale et au parti dit religieux en France, dans le vain espoir de la rendre plus traitable en Italie ou en France même.

*D*[6]. L'intention, enfin, que l'on chérissait certainement et tenait pour une vue capitale, de haute politique européenne et de haut avenir d'*inoculer la monarchie à l'Amérique septentrionale.*

*C*[2]. Terminons maintenant, comme nous avons commencé, par un article au crédit : le désir bénévole et incontestable de donner au Mexique de la stabilité, de l'ordre matériel, de l'administration régulière, de la justice quelque peu juste, etc., enfin des améliorations civiles et économiques tant qu'on le pourrait.

Telles ont été — sauf les vues spéciales qu'on pourrait tirer par détail ou subdivision, comme la possession d'un passage d'Atlantique en Pacifique par le Téhuantepec, etc., etc., — tels, dis-je, ont été les chefs principaux de la pensée de l'Intervention ou qui la couvrent suffisamment. — Remarquez que je n'ai pas dit un mot des petites raisons féminines, ni des gros pots de vin en perspective, ni des spéculations des hauts et bas personnages, ni des dignes intrigues de *those about one,* ni enfin de toutes les sottises et de toutes les vilenies qui ont *amené, déterminé, causé* la guerre; nous serions tombés dans l'immonde, et je n'ai pas besoin de tout cela pour ma thèse. Je ne fais que de la politique, restons parlementaire. L'histoire, d'ailleurs, n'est-elle pas une bégueule qui prétend marcher tout à travers les hautes choses de cette société-ci sans mettre jamais le pied dans — disons dans l'ordure? Respect à son cothurne immaculé! — Examinons les articles.

Le premier article du crédit *C* est tout à fait selon mon cœur et compte même au nombre de mes anciennes amours. Quelque temps après la déclaration d'indépendance du Texas, les États-Unis en ayant refusé l'annexion, les envoyés de la jeune république en vinrent demander la reconnaissance à l'*Angleterre*, et, plus tard, un traité d'alliance offensive et défensive (vis-à-vis le Mexique) à la France et à l'Angleterre. Parmi les nôtres, en ce temps-là, il en était un qui avait l'œil sur tout et sur bien d'autres choses encore, mais particulièrement sur l'Amérique espagnole, qui passait même pour un rêveur dans notre monde de rêveurs, mais dont les fouillis d'idées contenaient souvent, à mon sens au contraire, des diamants et des perles, — l'empereur, par parenthèse, est en train d'exécuter plus ou moins correctement, pour refaire Paris, depuis dix ou douze ans, les plans palingénésiques que nous rédigions ensemble, il y en a plus de vingt, sur l'édilité de la capitale. Avisé, donc, par mon pauvre Per....., j'eus la chance de développer alors les vues du crédit *C* dans des articles qui ne furent pas sans produire quelque impression, et que Lamartine, entre autres, voulut bien traiter avec beaucoup d'honneur. Lamartine, il est vrai, quoiqu'il fût alors dans toute la force de son esprit et de ses plus nobles aspirations, peut être classé aussi dans les visionnaires, et je me ferais peut-être en l'invoquant une pauvre recommandation. Cependant comme il a, en trois mois, fait, sauvé et perdu une République, on ne saurait lui refuser absolument toute place dans la politique pratique.

Quoi qu'il en soit, c'était alors, — il y a 27 ans à peu près, vous disais-je — le moment d'élever, *sans hostilité aux États-Unis*, la digue protectrice des races de langue latine en Amérique. En effet :

Le Texas était un pays capable d'une grande population et d'une grande richesse, ayant l'étendue de la France.

La population qui en avait déclaré l'indépendance et l'avait maintenue contre le Mexique était mêlée d'Américains, d'Européens et de Mexicains.

La république texienne pouvait attirer directement, des États-Unis et d'Europe, un flot considérable d'émigrants, d'Europe surtout si l'on y eût un peu aidé en détournant une partie du flot normal que l'Europe envoie annuellement en Amérique — ce qui était facile comme ce serait facile à prouver.

La population américaine elle-même ne se souciait pas trop de l'annexion; elle ne l'avait demandée que contrainte et forcée, et la moindre protection européenne contre un retour offensif du Mexique eût assuré l'existence indépendante de la république du *Lone star*[1].

Aux États-Unis un parti très fort, celui qui triomphe en ce moment de la formidable insurrection de l'aristocratie du Sud, ne voulait de l'annexion à aucun prix.

Il était donc très facile à la France et à l'Angleterre, — aidées par l'Allemagne qui, à elle seule, était prête à remplir le Texas de ses émigrants, — d'y fonder un empire puissant, une République neutre, naturellement interposée entre les États-Unis et le Mexique, couvrant celui-ci, en pleine sympathie avec ceux-là, ouvert, sans tarifs quasi prohibitifs comme ceux de la

[1] *L'Étoile solitaire*, par opposition aux étoiles dont est semé le drapeau de l'Union en nombre égal à celui des États.

(*Note de l'éditeur.*)

fédération, au commerce et aux influences légitimes de l'Europe, etc. La digue était posée au Sud des États-Unis et de la race anglo-saxonne et le flot de la marée montante dérivé tout entier vers l'Ouest.

Que si alors l'Europe eût aidé les races américaines de langue latine, par une influence intelligente et bienveillante, à dépouiller la robe du centaure que leur avait laissée la domination espagnole en expirant sous leurs coups, le continent américain tout entier, adonné à la production et au développement des immenses richesses virtuelles qu'il contient, devenait un immense atelier de travail bien divisé, une source énorme de richesse pour le monde, un champ sans limite ouvert au trop-plein des populations de la famélique Europe et était ainsi tout préparé, sans sacrifier ou léser aucun des éléments *de sa variété*, mais au plus grand bien de tous au contraire et par voie de fédération pacifique, à réaliser son *unité*. — Cette unité se réalisera toujours, sans aucun doute ; mais il est à craindre aujourd'hui que ce ne soit par la voie brutale de l'usurpation ou de la conquête et au prix de la subjugation effective, du submergement et peut-être de l'extinction, dans un temps donné, de ses races mineures.

Et pourquoi ces petits accidents? Parce que la chose a dépendu de la Politique sérieuse; que M. le comte Molé, M. Guizot et lord Palmerston, qui l'ont eue entre les mains, ne l'ont vue que de son méchant petit côté négatif (empêcher un agrandissement des États-Unis); qu'ils ont conséquemment perdu le temps à des méticulosités et à des niaiseries, et que les États-Unis s'étant ravisés, (une ou deux voix de majorité je crois dans le Congrès) ont escamoté à la poste — oui, à la poste! — l'alliance offensive, défensive et trop tardive de ces messieurs. — Toute cette histoire est fort curieuse et mériterait d'être racontée.

Il y a donc 27 ans que la belle occasion de réaliser l'objet du premier article du crédit a été manquée, et, pour en finir avec le crédit tout entier, je dirai, d'un temps, qu'en accordant volontiers à l'Intervention la pensée des articles $C^1$ et $C^2$ portés à son Avoir, ces articles n'y doivent figurer qu'à titre d'intentions bienveillantes et d'accessoires. L'intérêt égoïste est encore trop exclusivement le principe recteur de la Politique sérieuse pour qu'il soit permis de faire, à son bénéfice, de ces sortes d'intentions, des *motifs déterminants* : elle pourrait, suivant les cas, s'en fâcher ou en rire.

Mais où vais-je, bon Dieu! Je cause, et mon

sujet à ce train-là demanderait un volume. Écrivant de bric, et de broc, je ne puis le tenir en bride comme un travail continu. Je vois que la discussion abrégée de tous les motifs de l'Intervention articulés ci-dessus me mènerait trop loin, et je vais essayer de bloquer seulement les principales raisons parmi celles dont l'examen établirait, plus en détail, l'absurdité qu'il s'agit de démontrer.

1° Les sympathies des populations mexicaines avant la guerre étaient toutes pour la France et les Français, les antipathies pour les Américains au premier chef, au deuxième pour les Espagnols et, presque *ex æquo*, pour les Anglais. — Les Réformes du gouvernement libéral, d'ailleurs, étaient la reproduction de l'œuvre française de 89. Par voie d'amitié et, au besoin, d'alliances, ce peuple et son gouvernement, aidés et appuyés par l'empereur, eussent fait spontanément, en pleine liberté de volonté et de gaieté de cœur, tout ce que celui-ci pouvait désirer en Amérique en faveur des races de langue latine et dans l'intérêt spécial de la France elle-même. Influence prépondérante, avantages de commerce, concessions, champ d'émigration, réorganisation du pays, tout était ouvert, grand ouvert et facile à l'empereur par cette voie au Mexique. On peut presque dire que s'il voulait un Mexique français, par cette voie il le pouvait avoir. C'était là le chemin des bonnes *Grandes-Indes* en Amérique.

Faire la guerre pour enfoncer une porte ouverte, première absurdité. Faire cette guerre quand la guerre ne peut que faire fermer cette porte, deuxième absurdité. — Ne comptons que pour une bonne.

2° Le parti pris d'intervention, c'est-à-dire d'une guerre réalisant ici la situation du loup et de l'agneau, odieuse et par conséquent absurde, même en politique, par son odieux, quand elle ne se justifie par aucune nécessité ni aucune utilité, qu'elle est même moins que gratuite ; le refus de traiter avec un faible contre qui l'on prétendait des réclamations auxquelles il se déclarait prêt à faire toutes les réparations *qui seraient reconnues légitimes ;* les mensonges honteux, les effronteries accumulées les unes sur les autres pour se donner des prétextes, enfin toute cette immonde diplomatie des . . . . . et des . . . . dont j'ai dit un mot plus haut, constituaient un ensemble bien fait pour tourner contre l'œuvre proposée à l'opinion publique en France, pour déconsidérer dans l'opinion du monde le gouvernement qui employait de tels moyens, et pour susciter contre son entreprise, au Mexique, tous les éléments qui n'y étaient pas radicalement pourris, c'est-à-dire toutes les forces vives du pays. Or, la politique est l'art de diriger les forces sociales vers le but proposé. — Absurdités considérables.

3° L'alliance, conséquemment forcée, avec cette pourriture, et l'indispensable nécessité où l'on se trouverait, aussitôt que l'on aurait réussi avec le secours illusoire et purement nominal de tels alliés, d'en trahir les passions et les intérêts, de tourner conséquemment contre l'œuvre, quand il s'agirait de l'asseoir et de la développer, les traîtres que l'on aurait trahis, le parti catholique que l'on aurait leurré, tous ces intérêts et ces éléments enfin qui, insignifiants pour la conquête devaient devenir très embarrassants après ; — autre absurdité des mieux caractérisée.

4° La certitude — on devait l'avoir avant l'entreprise, et l'ignorance, en politique, est déjà une absurdité — la certitude, dis-je, que l'on dresserait ainsi contre son œuvre, non-seulement l'opinion publique éclairée (celle qui compte toujours à la longue) de la France et du monde entier ; non-seulement tous les éléments intérieurs du Mexique; non-seulement les mécontentements et les jalousies des alliés de la triple alliance, Espagne et Angleterre, que l'insuccès pouvait seul ici contenter; mais l'Amérique du Nord — Nord et Sud — qui à elle seule devait suffire, et au delà, pour empêcher, dans un temps donné, la France et n'importe quelle puissance européenne *de rien fonder ici de stable*, par la force, à côté d'elle et malgré elle. — Absurdité des absurdités.

Les avocats de la chose diront qu'on ne savait pas.... qu'on pouvait espérer..., qu'il paraissait bien probable que l'Amérique du Nord allait se dépecer... Mais n'entrons pas encore dans l'examen de ces absurdités flanquées d'une autre plus grande encore dans la donnée de la chose, je veux dire la conduite que l'on a tenue vis-à-vis des États-Unis et celle que l'on n'a pas tenue avec les États soi-disant confédérés. — Il faudra bien cependant l'aborder, cette question américaine qui se dresse à chaque pas et devant laquelle je recule par frayeur du ruisseau d'encre qu'elle doit faire couler sur mon papier si je m'y laisse prendre. Avoir compté sur le triomphe du Sud! et ce triomphe étant jugé indispensable à l'entreprise, n'avoir rien fait sérieusement pour l'attirer, quand il en pouvait paraître temps encore !!!

Dans les données de l'Intervention donc, les moyens étaient contradictoires au but, l'œuvre conséquemment impossible, c'est pourquoi je l'ai dite politiquement absurde. — Si je n'ai pas donné une démonstration aussi régulière et complète qu'on le peut faire, voilà du moins des énoncés suffisants pour indiquer comment on le pourrait établir. Passons au second chef de la thèse.

L'Empire de Maximilien, comme œuvre de l'Intervention, était absurde, c'est-à-dire impossible dans les données de l'Intervention.

En bonne logique, la démonstration de ce chef est implicitement contenue dans celle du précédent. Faisons-en cependant un examen direct et explicite.

Maximilien, arrivant au Mexique, avait pour tâche obligée, forcée, indispensable d'y réunir autour de lui les forces nationales. Très bien. Les Bourbons rentrant en France y étaient des princes français. Ils avaient pour eux une tradition séculaire, un parti historique, un clergé sérieux et toutes ses influences. L'épuisement, les malheurs et les folies de la seconde et dernière partie de l'Empire leur livraient la France. Le régime de la Charte, enfin, convenait bien autrement aux idées et aux intérêts de la Bourgeoisie que le despotisme de l'Empire. Mais ils étaient revenus — seulement revenus — avec l'étranger, et la Bourgeoisie elle-même ne le leur a jamais pardonné.

Maximilien est un prince étranger au Mexique, dont l'existence et le nom même y étaient absolument inconnus.

Une guerre, non point justifiable et logique comme la réaction de l'Europe contre la tyrannie européenne de Bonaparte, mais méprisable dans ses prétextes, méprisable dans ses procédés, odieuse à tout ce qui était capable de quelque sentiment au Mexique, l'a imposé à ce pays.

Enfin, et comme si une origine de *force* franche n'eût pas suffi à le faire choquant et inacceptable au sentiment national, l'Intervention avait gratuitement ajouté, à l'adresse de ce sentiment, l'insulte et la force dans ce qu'elles ont de plus méprisant — mais aussi de plus méprisable. Une poignée de traîtres et de quelques pauvres diables, réunis bon gré mal gré par un Bilboquet diplomate, dont la main tenait ostensiblement les ficelles, n'a-t-elle pas été donnée au Mexique et au monde comme la *représentation nationale* de la volonté souveraine et spontanée du Peuple mexicain? — Ce n'est pas même l'Intervention qui a offert la couronne à Maximilien ; elle la lui a fait offrir par ce *Pigman*, plus déconsidéré encore au Mexique qu'au Texas; c'est par celui-ci qu'elle a fait baptiser Maximilien; et c'est là ce que le Mexique devait reconnaître comme son grand électeur, le représentant de sa nationalité!

Ce qu'il pouvait sortir de sentiment national au Mexique, l'Intervention et la guerre l'ont développé. En ce sens l'Intervention a été bonne au Mexique. Tout ce qui pouvait s'y allumer de feu et s'y tendre de fibre nationale, l'Intervention et Puebla l'avaient allumé et tendu.

De sorte que tout ce dont le Mexique était capable, en patriotisme et en résistance, par la guerre, par sa conduite de la guerre et par ses indignités diplomatiques, l'Intervention l'avait chargé et armé d'avance contre le trône qu'elle devait faire offrir par un valet à Maximilien.

Le parti opposé — les traîtres, le clergé, l'ancien régime et tous ses abus, — parti sans force pour soutenir, que Juarez seul, et de Vera-Cruz, avec le principe du droit et son frac noir, avait culbuté dans toute sa gloire —, mais parti très fort pour créer des embarras à qui ne le réduit et ne le tient pas ferme et délibérément, ce parti, l'Intervention le donnait pour allié et pour parrain à Maximilien dont le premier intérêt et le premier devoir ne pouvaient être autre chose que d'en trahir les expectatives et d'en faire ainsi l'ennemi le plus intime de son empire.

L'Intervention avait enfin ouvert de ses mains, en y entrant de ses pieds et y faisant de sa tête, la porte du Mexique aux États-Unis, la porte la plus large et le chemin le mieux nettoyé pour y entrer, à leur moment, en pleine légitimité, enseignes déployées et en force irrésistible — irrésistible, l'Europe tout entière, je le répète, pût-elle se mettre d'accord pour s'y opposer. — Ce sujet, que je redoute, qui comporterait à lui seul des développements si considérables, donnerait aisément la valeur du terme indiqué comme le *produit des deux impossibilités* dans l'énoncé de ma thèse. L'Intervention, en effet, devait susciter et a suscité au Mexique, contre l'empire, son œuvre : 1° Toutes les forces intérieures, les forces *vives* et les forces *mortes* (celles des deux partis); 2° les forces extérieures, c'est-à-dire les forces américaines du Nord et même le sentiment continental américain *at large*; 3° enfin, elle devait unir ces forces jusque-là divisées, et les multiplier les unes par les autres. — Toutes les impossibilités réunies en facteurs.

Je voudrais bien savoir ce que l'Intervention, dans ses idées, dans la sphère de sa connaissance, dans le riche domaine de sa politique, laissait à Maximilien pour fonder un empire au Mexique et l'y soutenir! Je voudrais, par Dieu, bien le savoir! — Mais, en vérité, ce n'est pas bien difficile de le savoir et je le dirai tout au long tout à l'heure.

Je crois que, sur la première moitié de ma thèse, l'absurdité politique de l'Intervention et les impossibilités de l'empire de Maximilien dans les données intrinsèques de celle-là, j'ai indiqué assez d'éléments de démonstration et que je peux passer à la seconde. Abordons-la.

## RECHERCHE DES CHANCES DE LA SITUATION DE MAXIMILIEN ET DE SON EMPIRE.

Après ce que je viens d'esquisser je peux avoir l'air d'entreprendre ici une tâche aussi saugrenue que celle de l'Intervention. Supposons acquis ce que vous avez posé, sera-t-on tenté de me dire, comment pouvez-vous rechercher les chances d'un Empire que vous avez déclaré impossible? C'est une contradiction d'énoncé, une absurdité dans les termes.

Nullement absurde, je me permets de le croire. J'espère même n'être pas arrivé jusqu'ici sans que vous ayez déjà saisi ma pensée et que, y donnant ou non l'acquiescement de votre raison, vous ne la trouviez du moins logique et congruante avec tout ce que j'ai précédemment avancé. Voyons et puissé-je tenir mon sujet en bride, car je sens qu'il serait ici disposé en diable à s'emporter.

D'abord et par un simple rappel, je rends immédiatement à ma thèse son espèce logique. J'ai dit, en effet, après avoir posé l'absurdité ou l'impossibilité de l'Intervention et de l'Empire qui en sortait, *dans les données de l'Intervention*, que les chances de la situation de Maximilien étaient toutes *en dehors de ces données*, et que sa politique, à lui, devait être la *destruction et la contradiction de celle-là*. Je n'ai qu'à ajouter que j'entends m'expliquer sur le terme d'Empire qui ne peut signifier ici qu'un Empire à terme, la seule chose possible ici, pour que tout de suite aucun préjugé d'illogisme ne soit nécessairement suspendu sur ce qu'il me reste à exposer. — Convenons, pour introduire un peu d'ordre, si possible, que je tâcherai de suivre les trois divisions que je vais indiquer.

I. Montrer la nécessité, pour la politique Maximilienne de prendre la contradiction formelle de la politique de l'Intervention, telle que celle-ci s'est manifestée et accomplie.

II. Examiner les ressources que l'on peut considérer comme les réserves de la politique interventionnelle, laissées par celle-ci à Maximilien et montrer l'invalidité des unes et la radicale fausseté des autres.

III. Trouver enfin, soit en dehors soit en opposition de cette politique, les ressources réelles de Maximilien.

I. L'Intervention est venue détruire au Mexique le parti du droit moderne et le gouvernement, y légitime, du droit et des réformes.

Elle y a créé une force en quelque sorte absente, une nationalité mexicaine, par la légitime réaction du droit contre la force brutale, du faible opprimé chez lui par la violence d'un intrus, dépouillé même de cette apparence de dignité du lion égorgeant franchement sa proie, — *quia nominor leo*, — mais dégradée par le mensonge, avilie par des prétextes méprisables, servie par des agents indignes.

Elle a armé, irrité, chargé de toute la tension

électrique développable dans le pays, cette force de nationalité contre son œuvre, unissant, gratuitement, sans profit et à triple perte, son drapeau à celui des traîtres, — gens odieux partout, — de bandits exécrés de l'élément national, vaincus par lui, et de tout ce qu'il y a par excellence de pourri dans la pourriture humaine, la pourriture ecclésiastique.

Or, Maximilien, pour être *possible* au Mexique, devait, de nécessité tout à fait impérative, s'y montrer homme du droit moderne. — Vu l'état du monde moderne et du Mexique lui-même où ce droit avait triomphé, et, en tant que représentant suprême de la nationalité mexicaine, y être Mexicain lui-même et national par excellence. Enfin, le Mexique étant en Amérique, il fallait qu'il s'y montrât aussi souverainement Américain, — dernière nécessité qui sera démontrée, je m'y engage. — A ces conditions eût-il tenu contre les fatalités de son origine? — Oui, en manœuvrant bien. Mais, pour lui, ce n'est qu'à ces conditions que sa situation avait des chances.

Il fallait donc — et en ceci l'Intervention, pour peu qu'elle eût appris quelque chose par trois ans de séjour au Mexique et en Amérique, et ouvert les yeux à l'Alpe de hontes et de dangers qu'elle s'y est suspendue sur la tête, se fût reconnue son obligée, — il fallait, dis-je, qu'il se hâtât de répudier radicalement l'Intervention, de briser hautement avec la politique, la conduite et tous les antécédents de celle-ci, y compris son propre couronnement.

Ceci peut paraître délicat et, j'en conviens, fort étrange; mais ce sont les grandes difficultés qui font produisent ou manifestent les grands hommes.

Il y a toujours d'ailleurs pour l'homme investi, ne fût-ce qu'un temps, du commandement d'une Révolution et d'un Peuple, une manière d'aller au vrai, au droit, au bien, et, ce qui est plus difficile encore, d'y revenir.

Je dis que Maximilien arrivait au Mexique chargé d'un triple péché originel contre le droit et l'esprit moderne, le droit et le sentiment national mexicain, le droit, le sentiment et l'irrésistible destinée du continent américain. Il lui fallait donc un triple baptême pour y effacer ce triple péché et une renonciation formelle à l'Intervention, à ses pompes et à ses œuvres.

La preuve qu'il le fallait, c'est que, avant l'arrivée de Maximilien, l'Intervention avait été déjà contrainte de commencer à y renoncer elle-même : — Négativement, en rappelant Saligny, en rappelant Forey, en rappelant un certain Boudin, Budin ou à peu près; — positivement, en vous investissant du commandement.

Et dans votre situation, en effet, ce ne pouvait être malgré elle et en désobéissance formelle à sa volonté, que vous ayez renvoyé le clergé politique du Mexique à ses sacristies; que vous y ayez trahi les ardeurs faméliques de la réaction rétrograde; que vous ayez rendu hommage à l'homme qui avait été, avant l'Intervention, la personnification du droit moderne et de la force régénératrice et victorieuse du Mexique au Mexique; à l'homme que l'Intervention avait sacré de ses mains personnification de la nationalité mexicaine, en prétendant le vilipender et le culbuter, à Juarez enfin. Car vous aviez honoré Juarez, par un contre-sens qui est votre gloire, en protégeant son œuvre et défendant aux vautours, vos alliés, de se jeter sur elle et d'y toucher.

Je n'ai presque rien su de votre administration, les journaux m'ayant à peu près complétement manqué depuis l'époque de votre prise de commandement; mais je vous avais senti, paraît-il, car Forey étant encore là et quand on ne parlait que vaguement encore de vous pour le remplacer je n'ai pas craint d'annoncer ici que, le cas échéant, on allait voir du nouveau au Mexique. Ça été votre bonne chance de n'avoir été qu'un soldat dans la guerre de l'Intervention, et c'est votre honneur, devenu chef d'expédition, de lui avoir administré, à l'Intervention, de votre main, ses premiers... ou ses premières négations. — Vous avez donc été la transition de l'œuvre propre de l'Intervention à sa contradiction formelle, et je vous tiens pour la première preuve du point de thèse que j'entreprends d'établir.

Après vous et comme seconde preuve je prends Maximilien lui-même : 1° Parce qu'il a marché, — très ferme, je l'ai déjà dit, pour un prince autrichien — dans la contradiction que vous aviez ouverte ; 2° parce que d'abord la condition qu'il avait mise à son acceptation de la couronne, dans sa réponse à la députation qui la lui offrait de la part de Saligny : — *le vœu national réellement exprimé* ; — et parce que ensuite ses longs délais à accepter indiquaient visiblement l'intention de respecter et de restaurer au Mexique ce que l'Intervention y avait effrontément attaqué et travesti, piteusement combattu, mal vaincu et tout fait pour vilipender, le droit national représenté par un gouvernement légitime, l'autonomie et la dignité de la nationalité.

Vous et Maximilien vous êtes donc mes preuves déjà faites de la nécessité du système de la contradiction énoncée, puisque vous et lui vous avez dû l'inaugurer, ce système.

La question n'était donc pas du système de la contradiction en principe et dans sa nécessité, je tiens cela pour acquis dès longtemps : elle était dans l'étendue, le développement, la conduite, l'intensité, si je puis dire ainsi, le titre et le ton de ce système. — Or c'est ici qu'elle prenait toute sa gravité et sa valeur.

Maximilien a contredit son origine interventionnelle, Salignysienne, politico-cléricale et rétrograde, en donnant raison, contre elle, à l'œuvre de Juarez ; il s'est montré honnête, bon, bien intentionné, ce que l'on appelle, enfin, en Europe « un Prince libéral et éclairé », — tout cela est très bien. Mais, était-ce assez contredire et contredire assez fort ?

Le gouvernement de Maximilien eût-il été le successeur mexicain, naturel et légitime du gouvernement de Juarez, oui, cela eût pu suffire. Mais Maximilien est en Amérique un intrus, et au Mexique un usurpateur. Il n'y est pas même un conquérant entouré de la force et du prestige que n'a que trop souvent encore, hélas ! dans ce monde

— mais pas dans ce cas-ci — le fait de la conquête. Il n'y est qu'un dépôt charrié par une conquête étrangère et vilaine, et militairement même fort mal commencée et pas du tout encore terminée et accomplie.

En l'état, jouer le même air que le gouvernement, non point précisément renversé mais seulement empêché, qu'il remplace dans la capitale du pays et dans tout ce qu'il en occupe militairement, jouer, dis-je, le même air que ce gouvernement et même le jouer mieux, cela peut-il suffire?

Je demandais tout à l'heure avec quoi donc l'Intervention comptait-elle que Maximilien soutiendrait son gouvernement au Mexique. Cet air *à mieux jouer* m'y ramène.

Je crois que sans être sorcier on peut énumérer tous les moyens laissés par l'Intervention à Maximilien et même sténographier les conférences de tous les hauts et privés conseils qui ont dû, en Europe, décider son acceptation définitive. Ceci nous introduit dans la division II, l'examen de la *Réserve de la politique interventionnelle*.

II. Voici les éléments sur lesquels on avait compté, en Europe, pour la consolidation de Maximilien. On en ferait aisément une gamme complète et, ma foi, vous voudrez bien me passer la fantaisie de les classer d'après cette méthode en — simples éléments de gamme — éléments pivotaux Y, contre-pivotaux ⅄ et de pivot général ✕. Cette méthode n'est déjà pas si mauvaise, ne fût-ce que pour faire de l'ordre, et ne vous en effrayez pas; je me bornerai d'ailleurs à des indications.

*Élément contre-pivotal* ⅄. Maximilien apporterait au Mexique, vaincu et bientôt entièrement soumis (on l'en flattait), une force européenne qui, remplaçant l'armée française de la conquête, serait bien vue dès lors par le pays. — Élément sérieux d'ordre, de police et de société générale, toutes choses manquant épouvantablement depuis 40 ans dans le pays, cette force y serait bientôt sentie comme une protection et tenue pour un inestimable bienfait.

NOTA. Je ne nie pas qu'il n'y eût ici beaucoup de bon et un commencement de retour à la raison dans l'idée de la composition neutre ou européenne de cette force indispensable.

a) *Éléments mexicains.*

1) La masse des éléments *apolitiques,* lassés de 40 années de troubles et de perturbations inces-

santes, spécialement les commerçants, la propriété territoriale, industrielle, etc., éléments qui, en tout pays, sont volontiers pour le régime établi et qui, au Mexique, s'attacheraient à l'Empire et le soutiendraient en raison des incomparables garanties d'ordre qu'il leur apporterait. (Ceci est une pétition de résultat dite, en logique, pétition de principe.)

2) Les éléments politiques *raisonnables*. — Ils comprendraient qu'un prince étranger, sans traditions, sans lien avec les anciens partis du pays, serait plus propre qu'aucun gouvernement indigène à y établir un ordre régulier et stable.

Nota. Pour bien des raisons, dont une seule suffit, les éléments — 1) ne sont pas des forces actives ou seulement de résistance ou même de simple soutien au Mexique, où il pleut des révolutions et des gouvernements depuis 40 ans, et où ces éléments ont contracté la longue habitude de n'y manier d'autres armes que des parapluies. — Éléments 2), de pure théorie, de pure raison, valeur = 0 dans le calcul du mouvement, quand les forces en jeu sont des intérêts violents et des passions ardentes.

3) Le clergé et l'*énorme* influence politique qu'il est passé en axiome, dans les hautes sphères eu-

ropéennes, de lui supposer partout et surtout au Mexique. Le clergé, « soustrait au couteau des égorgeurs », se montrerait plein de reconnaissance pour la haute protection qui l'aurait sauvé, etc. — Tout un beau thème sur ce sujet.

Nota. Il y en aurait long à dire sur cette illusion d'influences du clergé mexicain, mais sa reconnaissance pour Maximilien et le soutien qu'il semble prêter à son trône me dispensent, je crois, d'une note plus développée.

b) *Éléments administratifs.*

1) Maximilien introduirait au Mexique un ensemble complet de réformes et de bonne administration en justice, en finances, dans tous les services des différents départements de l'État. — Il y aurait toute une sous-gamme à extraire de ce chef.

2) Il amènerait et attirerait des capitaux étrangers, des entreprises, des émigrants : ère nouvelle de prospérité matérielle, chemins de fer, agriculture, exploitations minières, plomb, cuivre, argent, or. — Autre sous-gamme et mêmes conséquences.

Nota. Ces derniers éléments ont certainement du bon pour le Mexique, beaucoup de bon, énormément de bon ; mais, sauf à y revenir, je me bornerai à remarquer ici, — outre la pétition de résultat qui invalide et vicie toujours chacun de ces moyens, — que l'on aurait beau entasser des montagnes de mouches ou, si l'on veut, de cochenilles, de vers à soie et d'abeilles — qui sont les plus utiles et les plus désirables des insectes et même les seuls, — on n'en ferait jamais un oiseau ou un quadrupède. Rien de tout cela n'eût suffi à débaptiser et rebaptiser Maximilien.

Y *Eléments pivotaux de Haute Politique.*

1) *Médiatorisme.* Maximilien, prince européen, sans antécédent, libre du passé, sans lien avec ses troubles, ses guerres intestines, ses passions, ses haines, ses crimes, etc., trouvant au Mexique les partis *de facto* lassés, soumis, réduits (continuation de la même hypothèse), y apparaîtrait dans un rôle neutre et arbitral qui lui conférerait le haut caractère et la souveraine autorité d'un MÉDIATEUR. Fermant, à son arrivée, l'ère des révolutions, il gagnerait, à l'avoir fait, la force dont cette clôture même investit l'auteur...

NOTA. Sténographier ici, principes et applications, ce qui a dû être fourni par la haute sagesse européenne sur ce sujet, réclamerait vingt-cinq pages sans doute. Mais nous avons eu assez de révolutions, de médiateurs et de tartines sur ces matières depuis trois quarts de siècle, y compris deux Empires, pour qu'il puisse être utile au nouveau de reproduire le programme en détail. L'histoire du concordat, en particulier, s'enseigne dans tous les cours d'histoire de France, et a été parfaitement exposée, d'ailleurs, par M. Thiers, mais nous pourrons revenir sur la valeur de tout ceci au Mexique.

2) *Démembrement des États-Unis, entrée en décadence.* — On flattait Maximilien que le Sud conquerrait son *indépendance* (un mot à faire rire des carpes), que les États-Unis se fragmenteraient certainement en deux républiques Nord et Sud, très probablement en cinq ou six, Nord-Est, Nord, Sud, Sud-Est, Sud-Ouest, et encore une ou deux autres sur les côtes du Pacifique ! Qu'en tout cas deux suffiraient pour que la politique européenne eût désormais le pied, la main, des alliés en Amérique !... Que la monarchie, inoculée à ce continent par le Mexique..., qu'après tout et au pis, en supposant la subjugation du Sud, les éléments de dissensions intérieures, les blancs, les noirs..., que le temps des grandes difficultés ne ferait que commencer dans l'Union replâtrée, etc., etc. —

Ah ! ne me laissez pas mettre le pied sur ce terrain, nous n'en finirions jamais. Tout cela était d'aussi impardonnable et crasse ignorance en politique pratique et actuelle, et en politique d'avenir et historique, que détestable en soi, et d'ailleurs décevant et fallacieux pour Maximilien. — La démonstration serait longue ; heureusement aujourd'hui elle est superflue, du moins sauf ce qui concerne l'invalidité *qui doit succéder* à la défaite de la sécession. — Qu'on ne s'y fie pas. Cette rébellion colossale, sans exemple peut-être dans l'histoire jusqu'à nos jours, sera tenue ici par les deux partis pour une faillite et réglée, *clear'dout*, comme toutes les faillites se règlent ici, avec la plus grande facilité ; je connais mes Américains, vous verrez [1].

[1] L'auteur, dont les prévisions ont été généralement si exactes, semble avoir vu ici un peu moins rigoureusement juste. Cependant, c'est l'opinion de toutes les personnes qui connaissent l'Amérique et en jugent avec impartialité, que la reconstruction de l'Union serait depuis longtemps terminée, sans l'événement, tout à fait accidentel, qui a jeté subitement le pouvoir exécutif, et pour toute la durée d'une présidence, aux mains d'un personnage d'un esprit inférieur, d'un tempérament fâcheux, qui n'eût jamais été choisi directement pour une telle magistrature, et qui a trahi la politique et l'idée qui l'avaient élevé à la vice-présidence. Le Sud, après sa défaite, était prêt à tout accepter, et l'on peut dire que M. Johnson, par sa politique étrange, a réouvert ou ressuscité la guerre, au moins dans les esprits. (*Note de l'édit.*)

Voilà ma gamme complétement indiquée ; reste la tonique, le pivot général du système, ce sur quoi je sens, je sais, je jure que l'on comptait le plus, à quoi, en tout cas, on tenait le plus, je veux dire le cadeau au Mexique, le bienfait souverain, la panacée, la magie enfin d'un *Empire et de son prestige*. A tout pivot, tout honneur; j'ai dû le garder pour la fin.

*Pivot général : Un Empire et son prestige.*

Je me dispenserai de sténographier, nous n'en finirions pas, les déductions profondes, — politiques, historiques, philosophiques, ethnographiques, et autres qui ont dû faire ici les frais du programme. Il faudrait mettre à contribution l'histoire ancienne, la romaine à coup sûr, l'histoire moderne, celle de la Révolution française et des deux Empires, puis celle du Mexique, bien entendu, ses trois cents bienheureuses années de paix, de prospérité et d'habitudes monarchiques sous la domination espagnole, le caractère de la race, les mœurs, etc., etc., enfin les propriétés, attributs et vertus de la forme impériale et de son gouvernement, sa destinée dans l'avenir, l'intérêt de l'Europe monarchique, de la civilisation, du grand *principe d'ordre* dans le monde à l'introduction de la forme monarchique en Amérique, l'occasion, de cette grande inoculation, à saisir, *la grande pensée de mon règne* enfin. — Tout cela serait long, bien long, mais pas nouveau, c'est pourquoi j'en supprime le développement; mais pour faire honneur au pivot, je consacrerai à ce chef une annotation un peu moins écourtée que les autres.

Parlons cru : son Empire, son principe d'autorité, la stabilité dynastique, les grandes garanties d'ordre qui en découlent, les prestiges, les influences d'une cour, d'une noblesse, d'une hiérarchie de dignités et de dignitaires, et tout ce que traîne à sa suite l'idée d'Empire en Europe, tout cela, transporté en Amérique comme une force, n'y est qu'une farce.

C'est un contre-sens grossier, une infatuation bête, un barbarisme grotesque et qui manifeste l'ignorance où croupit la politique pratique européenne en fait de politique historique en général et spécialement de politique historique américaine.

Que l'on identifie encore, en Europe, les grandes garanties d'ordre social avec le système monarchique, je le comprends parfaitement *et cela peut même rester vrai pour chaque grand État, tant que* TOUS, *ou au moins les plus avancés, n'auront pas constitué leur fédération démocratique et républicaine;* que l'on attribue encore, aux oripeaux des monarchies, aux représentations des cours, aux hiérarchies nobiliaires, dignitaires, etc., une valeur politique pour l'Europe, je ne discute pas ici cette question — fort discutable à l'époque atteinte. Nous avons trop vu passer de trônes par les fenêtres des Tuileries pour qu'il me soit permis de tenir ces sortes de meubles pour moins fixes, aujourd'hui, qu'ils ne sont splendides. Cela regarde, d'ailleurs, au premier chef ceux qui s'y asseoient.

Mais que l'on ait l'idée d'importer la monarchie et ces marchandises en Amérique, c'est une spéculation à y faire rire les employés de la douane et les courtiers des ports de débarquement.

Un peu d'histoire, nous aussi. Les États européens se sont formés par la guerre. Ils sont sortis de la féodalité militaire. Ils sont nés, ont grandi et se sont développés dans les formes monarchiques ou militaires, et leurs dépendances. Et c'est parce que l'élément *moderne* du travail, de la science et du droit, y remplace chaque jour l'ancien élément féodal et guerrier, le mine, le chasse et s'y superpose, que ces formes y deviennent chaque jour plus obsolètes et plus surannées, — d'autant plus, en chaque État, qu'elles s'efforcent à y retenir davantage de leur ancien style.

L'Amérique a été fondée par et sur l'élément moderne. Sa constitution n'est pas sortie de guerres intestines. Ce n'est pas avec la guerre et par la guerre qu'elle a grandi et qu'elle s'est formée. Son genre de guerre, c'est la guerre à la nature sauvage, et sa conquête, la conquête du désert. Et, pour l'indiquer au moins en passant, c'est parce que son établissement, ses débuts et sa fonction y ont revêtu beaucoup plus purement ce caractère moderne, bien plus encore que par le titre national et donné de son caractère de race, que la race anglo-saxonne a eu et conservera, dans la formation sociale de ce continent, une indiscutable prépondérance sur les produits d'origine espagnole. Mais laissant, pour le moment, cette parenthèse, je pose en simple énoncé :

Que la monarchie, produit militaire et féodal, et ses formes, de plus en plus obsolètes dans l'Europe moderne, deviennent en Amérique des contre-sens d'autant plus choquants qu'elles y seraient plus rapprochées du foyer d'activité et de formation sociale de ce continent ; que cette importation est un véritable barbarisme américain, qui ne peut être ici toléré et qui suffirait à lui seul, l'Europe tout entière fût-elle d'accord pour l'y soutenir, à y faire jeter honteusement cette importation à la mer.

J'ajoute que l'inoculation du virus monarchique à l'Amérique n'y eût été possible que si la criminelle rébellion du Sud *eût pu* réussir dans son projet inepte. Oui, si les éléments aristocratiques et barbares importés par la vieille Europe, à l'origine, dans les colonies qui formèrent les premiers États du Sud, alliés aux éléments de corruption qui, malheureusement, ne sont pas peu de chose en ce pays-ci, fussent parvenus à briser la fédération en morceaux, à changer la constitution unitaire d'une société purement industrieuse et militaire, et y substituer le système morcelé et démembré de la vieille Europe, son détestable *équilibre,* sa sotte balance des pouvoirs, l'imminence des guerres en permanence, conséquemment la nécessité d'y créer des armées permanentes et des États militaires, oui, l'Amérique ainsi morcelée, désaméricanisée et européenisée, eût pu recevoir l'inoculation monarchique. Bien plus, en ce cas, la maladie y eût fait son irruption d'elle-même. Mais il *n'en devait pas* être ainsi, et bien que ce fût le rêve chéri de tout ce que la vieille Europe contient encore d'aristocratique, de monarchique, d'ecclésiastique et d'anti-humain, la vieille Europe *n'a pas osé* se mêler sérieusement à l'affaire pour aider *sa Providence* à accomplir son pieux désir. — Et elle a bien fait! Mais elle eût mieux fait encore de ne pas essayer d'y glisser honteusement et subrepticement son intervention et ses importations monarchiques, car la chose qui n'eût pas réussi avec son aide, sans son aide, devenait absurde et grotesque. Je résume :

La monarchie, en Amérique, est un barbarisme intolérable et impossible tant que l'Amérique sera américaine;

La pensée d'inoculer la monarchie à l'Amérique est un crime;

La prétention de l'y introduire, côte à côte avec les États-Unis, est une bêtise.

En ayant fini avec les notes de ma gamme et sa tonique, je termine par une réflexion sur le tout. J'ai reconnu, en effet, qu'il y avait du bon, beaucoup de bon dans plusieurs des éléments de la *Réserve* formant les ressources de Maximilien et je ne veux pas finir mon examen par une condamnation aussi absolue que celle qu'appelait le pivot général. Prenant donc tous ces moyens dans leur ensemble, j'accorde que leur action combinée eût pu obtenir une valeur réelle et d'efficacité raisonnable au Mexique, *avec du temps*, si le Mexique, *tel que* à l'arrivée de Maximilien, avait pu être transporté assez loin de sa position, au milieu de quelque Océan.

Oui, avec une gendarmerie suffisante, des finances suffisantes, les avantages que Maximilien eût pu attirer, de l'extérieur dans le pays, et une administration active et éclairée, oui, à la longue, dans une île assez éloignée du continent américain, cela eût pu réussir et l'empire même avoir des chances. Par malheur, le Mexique est partie intégrante du système américain et la gendarmerie en question y fût-elle une armée de 100,000 hommes, il faut, pour cette cause purement géographique et comme garantie de force et de durée du gouvernement de Maximilien, faire la somme de tous ces termes et égaler cette somme à zéro.

Supposer en effet que ces bienfaits précieux, ces incontestables avantages d'*un certain ordre* compenseraient au Mexique en Amérique, l'Intervention, la guerre, sa tentative d'inoculation et ouvriraient au virus un libre passage dans les veines du système américain, cela pouvait paraître de haute raison, de haute prévision et de haute politique à la sagesse gouvernementale du vieux monde : ici, et au point de vue américain, ce pouvait bien être et ce n'était en effet que de la haute fatuité.

Voilà donc le connaissement du bagage, de bon et de mauvais aloi, dont les Hauts Conseils avaient composé la pacotille politique avec laquelle Maximilien a été décidé à s'embarquer pour l'Amérique? Pour moi, d'aussi loin, avec une notion aussi incomplète de ses actes, de quelques faits et seulement de quelques paroles, d'un je ne sais quoi enfin qui vous semble, en certain cas, vous ouvrir l'intuition d'une âme, je serais bien étonné s'il se fût senti lui-même bien édifié sur ces valeurs. Il soupçonnait l'insuffisance des unes, la qualité des autres et redoutait les avaries de la traversée, du temps, du climat américain, s'il ne les tenait déjà pour marchandises avariées, dès avant le départ. Il a dû venir au Mexique comptant, plus que sur tout cela, sur sa droiture, ses intentions et ces chances que l'avenir ouvre souvent à l'homme de bonne volonté, dans l'histoire; en trois mots sur sa raison, une bonne étoile et son cœur. S'il en était ainsi, c'était le plus noble et le plus sûr de son apport.

En somme, je crois avoir montré : 1° La nécessité, annoncée, pour la politique Maximilienne, de la contradiction de celle de l'Intervention ; 2° l'invalidité, en l'état, ou la fausseté radicale des ressources formant ce que j'ai appelé la Réserve de celle-ci. Il reste à indiquer, soit en *contradiction* à la politique de l'Intervention, soit *en dehors* de ses données, les éléments que Maximilien avait à extraire de la situation, fausse au Mexique et en Amérique, pour la retourner, avoir la chance de s'y asseoir noblement, ou, au besoin, pour en sortir glorieusement et en bienfaiteur historique.

Ici, mon cher lecteur (car ce n'est plus une lettre, hélas ! que je vous écris et je me dépite et m'irrite de voir ainsi s'allonger ces pages), je ne puis m'empêcher de vous communiquer les pensées qui m'assaillent. Je me demande si je ne suis pas stupide de vous envoyer ces voitures de foin ? J'ai voulu d'abord attirer votre attention sur la question du péonage seulement et grâce à ces conditions d'interruptions perpétuelles où j'écris et à ma longue désaccoutumance d'ordonner, de formuler et de conciser mes idées, ce sujet seul a débordé sur un arpent de papier. Puis je me suis laissé entraîner à la question mexicaine, américaine ; à la politique générale, au diable ! alors je me suis senti pris. Plus vite j'aurais voulu conclure, plus j'ai divagué et rabâché. J'ai cru qu'en écrivant au cours de la plume, sans prendre le temps de méditer un plan, j'aurais vite débité mon chapelet, et mon chapelet s'allonge à désespérer. Toutes les idées que les événements m'ont suggérées et qui n'étaient pour moi que des songeries solitaires ou des sujets occasionnels de causeries se pressent pour entrer, tous et pêle-mêle... bref, je me demande si ce n'est pas folie et si vous ne le trouverez pas tel de vous envoyer ce fatras? Vous en avez déjà deux charges, je me suis fourré là dedans et vous y ai fourré..... Je voulais donc vous dire que j'en venais à me demander si vous ne trouveriez pas que je vous assomme fort gratuitement? Après tout, je ne le connais pas personnellement ! Il est maréchal de l'Empire ! Comment prendra-t-il tout cela?..... Et avec cela que les événements marchent ! comme l'avalanche ! et qu'à moi-même, qui voyais si bien venir la débâcle, les nouvelles qui ne nous arrivent encore que par bouffées — me paraissent presque des contes de fées ! Les opportunités d'hier ne seront-elles pas, ce soir, de l'histoire ancienne?

Au diable donc! et puisque je parle de contes de fées et que ce moment précis du développement continental américain semblera légendaire dans son histoire, faisons de la légende et au galop.

Vous devez vous être plus ou moins trempé dans l'histoire du Mexique. Rappelez-vous la légende astèque de Quetzalcoatl. Eh bien, ce demi-Dieu de l'âge d'or d'Anahuac, exilé au fabuleux pays de Tlapallan, qui doit revenir un jour par la grande mer d'où le soleil émerge, et que le pauvre peuple astec, un instant bien court, a cru reconnaître et a salué avec une mystique vénération dans Fernand Cortez ; ce demi-Dieu, c'est le personnage que le peuple mexicain doit trouver enfin dans Maximilien!

Et pour repasser soudainement de la légende à l'histoire, à la politique, à la pratique la plus positive, je dis que l'abolition du péonage, accompagnée d'une distribution, aux péons et à la matière péonable, des vastes terres vacantes ou laissées incultes au Mexique, lui fournissent, pratiquement et positivement, le moyen d'être ce fabuleux personnage.

Je dis de plus que cela est forcé, parce que s'il ne fait pas cette émancipation, par lui-même et pour lui, elle sera faite contre lui par l'Américain du Nord (sauf les terres — elles tomberont sous les griffes du *spéculateur*) qui vient d'assommer chez lui l'esclavage. — L'Américain esclavagiste lui-même, l'Américain du Sud n'admet pas le péonage, il le tient pour monstrueux et l'a fait disparaître devant lui à mesure qu'il a mangé du Mexique. (Je ne sais si je vous ai déjà dit un mot sur ce dernier point, très remarquable, et que j'aurais dû signaler quand j'en étais à cette question; mais passons.)

Je sais bien que la réforme indiquée et la restitution de ses terres au peuple mexicain comportent des conditions, un système de précautions et de mesures sans lesquelles le bénéfice en échapperait bien vite, et sans profit pour eux, des mains de nos pauvres Mexicains : au lieu de retourner à leur régénération matérielle, morale, civile et politique — d'un mot, à la génération d'un peuple, — le bienfait ne ferait que préparer au Mexique des révolutions d'un nouveau genre, y accélérer la pourriture et amener une extinction prochaine. Mais ceci seul serait encore un travail, et je passe outre. Seulement et pour rentrer dans la logique de ma thèse, j'y tiens un peu, je note que la question du péonage et le parti politique et social à en tirer étaient ignorés de l'Intervention et ne peuvent compter dans ses données intrinsèques. — Une telle ignorance, pour le dire en passant, montre bien comment la France est renseignée et par quelle *canaille* diplomatique elle se fait représenter à l'étranger. Le mot souligné n'indique ici qu'une condition intellectuelle, — la catégorie de moralité n'étant, en ce moment du moins, pas en cause.

Je dis maintenant que Maximilien, débarqué au Mexique non pas en simple intrus, non pas en simple usurpateur qui s'impose par le droit simplement odieux de la force franche, mais avec un caractère bien plus violemment intolérable encore au sentiment national mexicain, devait s'y faire le conquérant de ce sentiment et cela d'emblée! Oui, y conquérir et s'y rallier Juarez! ou, sinon la personne même de Juarez, du moins ce dont Juarez était, et avait été confirmé par l'Intervention, la personnification du Mexique, — et je dis que cela était possible, je dis même que cela était facile; il n'y fallait qu'une chose, l'oser.

Comment? — Rien de plus simple. Maximilien était entré à Vera-Cruz Empereur, couronne en tête. Eh bien, il fallait tout simplement, à un moment donné, poser par terre cette couronne que des indignes avaient posée sur sa tête, et déclarer que s'il devait être investi du rôle et du caractère de chef de la nation mexicaine, il ne pouvait et ne voulait tenir l'un et l'autre que de la volonté véritablement spontanée et librement exprimée du peuple mexicain. — Mais c'était rentrer dans le provisoire, tout remettre en question, abandonner l'autorité dont on avait tant besoin..! — Je sais toutes les banalités que peuvent entamer ici tous les esprits banaux, mais ce n'était rien remettre en question du tout, et je dis que le lendemain du jour où Maximilien eût fait cette déclaration solennelle, au moment opportun (et il l'a eu), le lendemain de ce jour-là il eût eu, au Mexique, cent fois plus d'*autorité* que la veille.

D'ailleurs, et avant tout, il ne fallait pas que Maximilien, au moins après quelque temps de séjour au Mexique — qui est situé en Amérique — crût pouvoir et avoir à y jouer le rôle d'empereur, comme on apprend ces sortes de rôles en Europe. Il fallait qu'il comprît qu'il avait à y jouer — court ou long — un grand rôle et voilà tout. Avec cette pensée il eût osé oser et il eût réussi.

Je n'ignore pas qu'il faudrait, pour montrer combien la chose était, comme je le dis, *facile* — même en présence du drapeau de l'Intervention, même de la satisfaction intime et au besoin avouée de celle-ci — signaler l'instant opportun (je n'ai pas assez de données sur ce qui s'est passé depuis un an pour le savoir) et rédiger un spécimen de déclaration maximilienne au peuple mexicain. Ceci, dans un moment de bonne disposition, je pourrais le faire, suffisamment du moins pour la démonstration. Mais ce serait encore une voiture de foin et je passe outre. Je dirai seulement qu'il est deux maximes de la Rome ancienne, — qui avait du bon, quoi qu'en dise L..., et dont la négation, par parenthèse, a été la condamnation à mort de la Rome moderne — deux maximes, dis-je, dont la confession à la fois habile et sincèrement humble, aura toujours dans les grandes difficultés des peuples et de leurs chefs, dans la bouche de ceux-ci, une autorité immense et une fascinante grandeur. Ces maximes sont bien simples cependant et vulgaires : *Errare humanum est,—homo sum, nihil humani a me alienum puto.* — Au reste, si ma proposition n'était pas du goût de tout le monde, je tiens un assentiment qui me suffit : celui de Maximilien ; bien plus, c'est que ma prétendue proposition n'est pas de moi, mais la sienne. N'est-ce pas la condition, déjà mentionnée, qu'il avait mise à son acceptation dans sa réponse solennelle et noblement simple à la députation de Miramar; *la volonté nationale librement exprimée?* il n'a commis d'autre faute ici que de s'être abandonné lui-même; qu'il se reprenne! — Et de deux.

Baptisé Mexicain et national, ayant, d'un seul acte et mieux qu'un autre ne l'eût pu faire, vengé le Mexique de la conquête; de l'odieux de la conquête, des humiliations et des vilenies que l'Intervention lui avait fait boire, il fallait qu'il se fît révolutionnaire et réformateur, représentant éclatant du droit moderne ou, tout court, du droit. — Et ici quelle carrière et quelle facilité! J'ai dit qu'il pouvait se rallier Juarez, personnification du sentiment national; ici c'était bien autre chose: il pouvait, j'ai dit, le rallier; sinon le rallier, le conquérir; sinon le conquérir, l'écraser. Comment? — Rien de plus simple. Ici encore il ne fallait qu'oser, — c'est chose indiquée déjà d'ailleurs. — Il fallait oser le dépasser comme réformateur du Droit; et le dépasser de toute la hauteur de la grande réforme sociale au Mexique sur les réformes politico-bourgeoises de Juarez; de toute la hauteur, l'épaisseur et le poids de l'abolition du péonage sur l'abolition de la mainmorte ecclésiastique.

Mais ici encore il eût fallu désapprendre bien vite le rôle d'empereur comme on le joue ou l'enseigne en Europe et se livrer tout au cœur, qui eût dicté l'unique volonté d'un grand rôle et fourni la force de le remplir, sans calcul de petits sages ménagements, de petites prudentes considérations, de petites méticulosités européennes, sans recherche de petits appuis, de petites influences et de petits moyens de durée. Je le répète, le seul moyen de s'assurer, aussi longue que possible, la durée, c'était de ne pas s'en inquiéter.

Je suis sûr, je sens que Maximilien était tout ouvert à ce rôle; malheureusement toutes les Hautes Prudences, toutes les Sagesses consommées et toutes les Augustes Ignorances (au moins au sens américain) lui auront corné aux oreilles, en Europe, qu'il allait être reçu au Mexique comme un *Médiateur* et que là serait sa force. Maximilien est jeune, bon, facile et ce concert européen de tous les Nestors de la Haute Politique (européenne) a dû l'abasourdir et l'halluciner. Il est parti avec la conviction qu'il ferait un concordat et aurait pour lui le clergé et ses *immenses influences*; qu'il confirmerait une partie des réformes de Juarez et qu'il aurait les libéraux; qu'il améliorerait... ne rentrons pas dans des voitures de foin déjà brouté. Telles étaient du moins ses convictions, inculquées, dirai-je, pour les distinguer de ses propres tendances.

Hélas! avec tout cela il n'aura rien du tout *sérieusement* pour, et, à l'occasion, tout contre lui.

Oui, son rescrit à son ministre sur les lois de Réformes ecclésiastiques, fait avec cette décision et de ce style, étant donné l'entourage que je lui suppose dans une *Cour* mexicaine, me prouve clair comme le jour que, sans ce *médiatorisme* préconçu, dont on l'a bourré en Europe, il eût de lui-même, libre, marché ferme et droit dans son rôle, son vrai, son grand rôle.

Je me suis laissé dire (aucun document écrit sur ce sujet ne m'est tombé sous la main) que trouvant la religion d'État abolie par les lois de Réforme, il avait restauré l'Église catholique dans ce titre. Quelle faute! je dirais aujourd'hui *partout* si c'était la question, je me contente de dire quelle faute au Mexique et en Amérique!

Il crée (m'a-t-on assuré) des comtes, des ducs, de grandes et petites dignités, des titres nobiliaires. On dit ici que Vidauri a été fait duc de la Messa. Et en Amérique encore! mais ce moyen de *créer* des forces autour d'un trône, des appuis à une dynastie, est fait ici — laissons encore l'Europe — pour armer de pommes cuites tous les gamins américains. Une légion d'honneur pour des services personnels sérieux eût été tout au plus tolérable et les abus en sont trop certains pour qu'il soit à conseiller de risquer cela en Amérique ; mais des barons, des ducs, des chambellans...!!! Si l'on croit que la démocratique Amérique souffrira à sa porte, ces caricatures européennes du temps de Charlemagne, on se trompe singulièrement. Quant aux vanités que ces vanités si déplacées pourraient rallier au trône de Maximilien, il faudrait l'engager à en tenir la solidité pour vanité elle-même.

Au lieu de débarquer avec cette idée de médiateur arbitral entre les partis, Maximilien eût dû arriver ici avec l'idée, — ou y reconnaître bien vite, — que sa place n'était pas *entre*, mais *au-dessus* des partis et que la révolution, ici, était à peine commencée ; que si Juarez n'avait pu mieux tenir contre les pantalons rouges, il était puni, lui et son parti, pour s'être arrêté en route, et qu'il avait, lui, Maximilien, à accomplir la révolution *régulièrement* mais *radicalement.*

Quand une révolution a assez brisé et déraciné d'injustices séculaires, affirmé et réalisé une somme de satisfaction et de redressement suffisante pour que la société s'y puisse arrêter un temps ; si cette révolution a été violente, si elle a soulevé des dissensions considérables, suscité des partis et des haines intestines, ce peut être le temps et le lieu pour un médiateur. Cette société l'accepte parce qu'il la calme et la rassure, lui donne un repos dont elle a besoin, guérit des plaies encore saignantes, la rassied et met de l'ordre dans ses affaires, dans les conquêtes mêmes de sa révolution. Telle n'était point la situation au Mexique, considéré soit isolément, soit comme voisin du foyer de formation de la société démocratique américaine. — Tout au plus, y eût-ce été le cas si le Mexique, animé d'une impulsion trop puissante et déréglée, eût trop hâtivement et trop violemment dépassé l'acquit social de ce pivot ou centre de formation. Mais y avait-il place pour le rétablissement d'une religion d'État, et mexico-catholico-romaine encore ! et même pour un concordat quelconque à côté de cette Amérique du Nord, avec laquelle il faut que le Mexique s'harmonise politiquement, civilement et socialement s'il ne veut qu'elle le dévore? N'eût-elle été, en soi, un embarras, un encombre et un danger mexicain, la chose était-elle de mise à côté de cette société où la liberté religieuse et le caractère absolument *privé* des cultes, sont tellement acquis que leur consécration dans la constitution y est aussi superflue qu'y serait celle du droit de respirer? et Maximilien pouvait-il se considérer comme un médiateur qui n'a plus qu'à mettre de l'ordre dans des administrations, des services, des affaires dérangées ou apportées en confusion par la révolution, quand il devait trouver les peuples mexicains encore dépouillés de leur sol que leur avaient volé les flibustiers de la conquête, volés de leur travail que les descendants de ces flibustiers continuaient à s'approprier, volés de la propriété de leur corps enfin qui leur demeurait encore confisquée? — et de trois.

Je dis trois parce que cette dernière charge de de fourrage — qui tendait à grossir — diffère essentiellement de l'autre précédente. Dans cette voiture-ci l'abolition du péonage était envisagée en elle-même et comme bienfait social. Ici il s'agit de son effet politique et par suite de l'autorité de la politique d'*épi*-médiation comparée à l'invalidité de l'*entre*-médiation ou juste milieu, — si vous voulez me passer mes barbarismes. Mais laissez-moi aller couper une botte d'herbe verte.

. . . . . . . . . . . . . . . . . . . . . . . . .

C'est fait. Pour en finir donc et parce que je ne veux toucher qu'aux gros morceaux, que les effleurer même, je me hâte de terminer par le plus fort. Celui-ci sera trouvé dur à digérer par les estomacs augustes, mais *il faut* l'avaler, et ma sauce, après tout, le rend plus léger et moins amer.

Je dis donc qu'il fallait que l'empereur Maximilien renonçât net, en Amérique, à toute idée d'empire à l'européenne, de cour à instituer, de dynastie à fonder *in tempore et seculis seculorum* — comme on se pique toujours de les bâtir ou de les maintenir en Europe.

Ce n'était pas assez d'avoir conquis et le sentiment national, et l'esprit du droit moderne et Juarez au Mexique : il fallait encore conquérir l'Amérique du Nord et par dessus le marché toutes les républiques américaines, et enlever cela d'un coup ! — Il le fallait.

On devrait pourtant bien, dans les hautes régions européennes, commencer à connaître la grammaire et comprendre la langue courante. Les mots de la langue humaine ont un sens et une logique, que diable, Eh bien! quel est dans la langue universelle le nom des citoyens ou simplement, si vous voulez, des habitants des États-Unis? On les appelle les *Américains*, tout bonnement. Ce nom les désigne, ils n'en ont pas d'autre. Les habitants des autres États de l'Amérique portent tous des noms particuliers. Ils habitent bien l'Amérique, mais ils ne sont pas encore Américains.

Croirait-on, par hasard, que ces appellations fussent fortuites ou que les autres habitants de ce continent fussent à tout jamais destitués de leur nom naturel d'Américains? — Or, cet accord tacite du sens commun de l'humanité contemporaine, ce consensus universel sur un simple terme du langage vulgaire, enseigne, par une simple remarque de grammaire générale, une leçon de politique générale des plus claires, et ceux qui n'y voient rien n'en sont pas encore à l'A, B, C, dans l'une et l'autre branche.

L'Amérique est destinée à devenir et promptement, en ce temps de vapeur et d'électricité, du détroit de Béring au Cap Horn, démocratique et unitaire, c'est-à-dire, américaine. Or, celui-là qui l'aiderait efficacement à atteindre à son Unité, en préservant ses Variétés, lui rendrait un signalé service, dont elle serait étonnée et enchantée elle-même et pourrait se montrer reconnaissante à l'ivresse. Tout l'argument de mon gros morceau est là, mais malheur à vous et à moi-même si j'entreprenais de le développer. C'est pour le coup que j'aurais un train à conduire.

Supposons que Maximilien en posant sa couronne à terre eût déclaré « que ce n'était pas seu-
« lement sur la terre mexicaine, mais sur le sol
« américain qu'il la posait ; qu'il était arrivé d'Eu-
« rope portant en tête une couronne d'empereur
« et d'empereur nourri dans les idées européen-
« nes ; qu'ayant touché cette terre, en ayant res-
« piré l'air, il avait été visité par son esprit. Il
« avait trouvé son chemin de Damas. Il avait
« compris l'inévitable destinée de ce continent,
« et que si le vieux monde pouvait comporter
« encore des gouvernements dynastiques, celui-
« ci ne pouvait supporter que des gouvernements
« électifs.

« Il croyait qu'il pouvait, lui, Maximilien, par
« la force d'une position qu'il n'avait pas cherchée
« et dans des circonstances qu'il n'avait pas
« faites, qu'il pouvait, sans plus de sang et de

« ruines, délivrer le peuple mexicain de l'Inter-
« vention, que ce peuple avait vaillamment com-
« battue et de la guerre qu'il supportait encore
« pour son honneur et sa nationalité ; accomplir
« les réformes commencées par la nation elle-
« même et toutes celles que réclamerait la répara-
« tion des oppressions séculaires dont ce peuple
« était encore victime ; préserver enfin la race en
« l'aidant à organiser sa vitalité conformément à
« son caractère et l'introduire harmonieusement
« ainsi dans la grande Unité, destinée manifeste
« du continent américain, dont la famille améri-
« caine du Nord avait pris la glorieuse initiative
« depuis près d'un siècle. Ces choses, il pouvait
« les faire à une seule condition, c'est que la na-
« tion mexicaine voulût qu'il les fît et lui en con-
« fiât la mission. De son côté il déclarait qu'une
« telle œuvre, dans une telle occurrence, exi-
« geait une autorité proportionnelle à la gran-
« deur souveraine et un temps assuré à cette au-
« torité : qu'à ces conditions seules, librement et
« loyalement acceptées par le peuple mexicain,
« il était prêt à accepter lui-même la tâche de
« chef du gouvernement de la République pour
« 10 ans, avec faculté de libre réélection à ce
« terme, si les intérêts politiques et sociaux de la

« nation paraissaient à celle-ci le demander en-
« core. »

Si Maximilien eût parlé dans le sens que ce barbouillage indique et agi en conséquence, visionnaire si l'on veut ! le visionnaire vous le dit et ne se trompe pas ici, le peuple mexicain l'eût, dans une explosion d'enthousiaste reconnaissance, investi du pouvoir absolu de la dictature; l'Amérique émerveillée l'eût tout entière élevé sur le pavois comme un demi-Dieu, et les *Américains* en eussent fait leur lion plus solidement et plus durablement cette fois qu'ils n'ont jamais *léonisé* personne.

Et le bon sens de ce dernier peuple, sa politique sérieuse, ses hautes influences et ses lumières de gouvernement eussent compris que Maximilien eût tout mérité, car il eût ainsi rendu à la race anglo-saxonne en Amérique, à son avenir et à sa *vraie destinée* sur ce continent et dans le monde, un grand service. En soustrayant, effectivement ainsi, les races de langue latine à la dent de l'*individualisme* anglo-saxon, au dangereux et mauvais entraînement de ses mauvais appétits, et cimentant de haut, par l'homogénéité des principes essentiels de société et de gouverment, où l'homogénéité est intransactive, l'alliance fraternelle, la préfédération des deux familles, en accomplissant cette œuvre, dis-je, il eût soustrait la race anglo-saxonne et sa destinée en Amérique à l'une *des deux grandes corruptions* qui, seules, je crois, en menacent sérieusement l'avenir. — Mais n'entrons pas là-dedans, ce serait encore une autre histoire !

J'ai fini et me sens tout heureux d'avoir su côtoyer, dans cette dernière partie, tant de marécages, où j'eusse si aisément pu nous embourber tous les deux ! Je vous ai dit, en gros, tout ce sur quoi je voulais causer avec vous. Deux mots encore et en *post scriptum*.

Le premier c'est que, pour qu'elles atteignissent toute l'autorité dont je les ai supposées capables, qu'elles produisissent comme nous disions en dynamique leur *maximum d'effet*, toutes les mesures mentionnées ne devaient pas seulement être prises à leur meilleur temps et dans leur succession la plus opportune : il fallait encore qu'elles fussent exécutées dans leurs meilleures formes. Or, les chefs des gouvernements de la vieille Europe paraissent avoir perdu l'usage personnel du Verbe — probablement parce que le Verbe s'est retiré d'eux — et se renferment volontiers dans un mutisme solennel qu'ils croient de leur intérêt et de leur haute dignité. Que l'autorité monarchique, en Europe, emprunte les coutumes du vieil Orient; qu'à l'instar du fils sublime du soleil et de la lune, elle abrite son insondable majesté derrière d'immuables paravents, passe pour l'Europe et pour le pays des Chinois et des Paravents; mais avec des éléments démocratiques *that won't do neither do nor pay*. Tout grand acte de chef demande sa parole parlée en langage de chef ou expliquée en bonhomme, suivant la circonstance. Si Maximilien, je suppose, eût voulu abolir le péonage il n'eût pas fallu qu'il fît la chose par un décret bien froid, précédé d'un rapport en style dit officiel ou administratif, c'est-à-dire filandreux, rédigé par quelque chef de bureau du ministère de la justice. Il eût fallu, sans préjudice des rapports, du décret, etc., que le péonage fût d'abord tué net dans un rescrit où Maximilien lui-même l'eût dénoncé au monde, condamné à mort et exécuté. — Ainsi du reste. — Monsieur Forey a fait abus du pouvoir discrétionnaire de proclamer, de déclarer, même de sermonner, je ne dis pas non. Mais l'abus dans sa bouche n'infirme pas l'usage dans celle de l'auteur du rescrit de désamortisation et de liberté des cultes. — Voyez, d'autre part, Lincoln, ce « tyran sanguinaire qui « n'est pas même gentleman » des journaux aristocrates d'Angleterre ; il n'épargnait pas au peuple les explications à la Jacques bonhomme, et son pouvoir — comme on n'en a pas vu durer beaucoup jusqu'ici — loin d'en souffrir, s'y retrempait au contraire.

Voilà mon premier mot et voici le second.

Je suppose que vous supposiez qu'il pourrait y avoir quelque chose à prendre dans mon tas de remblai et que vous me demandiez si je pense qu'il serait encore temps. — Réponse :

Je crois que bien de bonnes opportunités ont été perdues.

Depuis près d'un an je sais peu, extrêmement peu ce qui se passe au Mexique, cependant il me semble que sur la frontière du Nord cela va mal, très mal pour l'Empire, et que les deux Impossibilités (l'intérieure et l'extérieure) s'apprêtent à s'y donner patemment la main sous une forme quelconque.

Il y a d'ailleurs bien des raisons, bonnes ou non, pour que les États-Unis cherchent une guerre extérieure, ne fût-ce que parce qu'ils viennent d'en avoir une des plus effroyables à l'intérieur, et si ces difficultés *post reconstructionnelles*, qu'on leur désire à l'intérieur, surviennent, ils ne manqueront pas de la trouver.

En cas d'orage, la politique de l'Intervention, ses sympathies fort compromettantes, ses velléités non suivies d'exécution (c'est un pléonasme, je crois), et même beaucoup trop d'imprudences des agents et défenseurs du jeune empire mexicain, semblent devoir attirer la nuée sur le Mexique.

Si l'orage s'y dirige, en l'état météorologique actuel, et toute l'Europe offrît-elle des paratonnerres à Maximilien — ce qui est fort douteux, même de la France — il semble devoir y être irrésistible.

En tout cas, c'est bien gros et d'une formidable responsabilité que d'attirer cet orage sur le Mexique — ou de ne rien faire pour l'en détourner.

S'il marche au Sud, il sera fatal à tout le monde, à l'Intervention et à Maximilien, cela va sans dire; aux races de langue latine cela est évident ; à la race anglo-saxonne victorieuse et maîtresse du Mexique, cela serait d'une quasi certitude d'histoire future.

S'il marche au Nord et crève au Canada, cela ne fait aucun mal ou du moins le moins possible, et du bien à tout le monde — sauf l'amour-propre du gouvernement anglais.

Maintenant, est-il encore temps de détourner la marche de la nuée au Sud et de conjurer l'union des deux Impossibilités au Mexique?

Sur l'Impossibilité intérieure voici ce que j'ai à dire :

Un officier mexicain, patriote ardent, qui s'est fait blesser sur sa pièce à Puebla et qui abhorre consciencieusement l'Empire, s'écriait douloureusement, à des prévisions que je lui émettais il y a cinq ou six mois : « Ah! les Américains! plutôt « encore Maximilien que de le culbuter par leur « secours! » Or ceci est l'expression d'un *fond* de sentiment général au Mexique insoumis ou soumis. En frappant sur ce sentiment des coups capables de le faire vibrer, on emporterait dans l'unisson Juarez lui-même, qu'une fatalité de position entraîne chaque jour dans une alliance qui fait, au fond de l'âme, sa terreur et son désespoir.

Sur l'Impossibilité extérieure, l'imprévu, l'étonnement, l'amour-propre américain, la vanité des masses démocratiques très sensibles au procédé d'une tête couronnée qui se découronnerait devant elles ; la noblesse de l'acte et la grandeur de son but, perçues par les hommes supérieurs qui comprendraient l'une et l'autre : enfin la victoire éclatante du principe américain au Mexique, sans armes encore et par la puissance de ce principe, satisferaient l'immense majorité des citoyens de l'Union et leur gouvernement. Pourquoi et sous quel prétexte désormais de ce côté la guerre? Tous les gouvernements ne se plaisent pas à enfoncer les portes ouvertes. Je ne vois que les individualités rapaces et les ardeurs belliqueuses de la chevalerie désarçonnée du Sud, — qui se partagent déjà les dépouilles de Maximilien et de Juarez — je ne vois que cela de désappointé par cette manœuvre. (Il est curieux que Maximilien n'ait pas su comprendre que, de ce côté-ci du Rio Grande, les ennemis du Mexique étaient au Sud et ses amis au Nord — je parle à fond. J'avais bien prémuni sur cela Vidauri il y a un an. Il n'a rien eu de plus pressé, deux jours après, que d'aller faire chorus avec la Confédération. S. n. de D! que les gouverneurs et les gouvernements sont bêtes!)

Après tout, que reste-t-il à Maximilien?

Ce que je n'ai resté de rabâcher à tous les chauvins français après la rupture significative des conférences de la Soledad « qu'une grande « puissance européenne — en l'état empêché de « l'Union — pourrait sans doute conquérir le

« Mexique, mais qu'en aucun état de cause elle « ne le garderait longtemps », cela me semble aujourd'hui démontré, acquis.

Il est également acquis que Maximilien, en supposant qu'on veuille le supposer ne représentant pas une domination du Mexique par une puissance européenne, que Maximilien, dis-je, n'y peut fonder un trône, si cela ne plaît pas aux États-Unis — et il est certain qu'ils ne *peuvent pas* tolérer la chose.

Que reste-il donc aujourd'hui à Maximilien? quels peuvent être son espoir, ses combinaisons, ses calculs? S'il veut essayer de conserver sur sa tête une couronne impériale, la peut-il défendre seul contre le simple renfort d'influence (sans compter le reste) que la débâcle du Sud va apporter à Juarez?

En l'état a-t-il le droit, et est-il humain, honorable ou seulement sensé à lui de le faire? De perpétuer la guerre civile au Mexique? D'y appeler, de fait et de sa seule présence, le loup dont il a prétendu préserver ses prétendus agneaux? Et sans espoir, sans chance encore de réussir à rien?

Si Juarez, chef légitime du gouvernement mexicain, était devenu, au dire des journaux impérialistes, un chef de bandits, parce qu'il prolongeait une résistance désormais, disait-on, sans espoir et ne consentait pas, par raison et humanité, à soumettre le droit au joug du fait, que sera Maximilien l'intrus, en prenant ce rôle à son tour? Que dis-je! en refusant de rendre le fait, qu'il détruit contre tout droit, au droit victorieux? Compterait-il que la France s'engagera dans une grande guerre contre les États-Unis par simple point d'honneur et pour lui conserver, sans chances désormais et quelques jours de plus seulement, sur la tête un hochet qui n'est pas même à lui, qui ne lui appartient pas, tant que le peuple mexicain ne le lui a pas donné et que la France avait volé dans un mauvais jour? Peut-il vouloir cela? le solliciter? seulement le permettre? — Fi donc! je vous dis qu'il ne le veut pas.

Espérerait-il, dès lors, en louvoyant avec les États-Unis, s'humiliant bien bas devant eux, faisant de cette couronne un jouet dans leur main, de sa personne impériale une poupée qu'ils feraient danser un jour pour la jeter à la rue le lendemain, espérerait-il, à de telles conditions, à force de petites inventions, de petits procédés, de petits tours pour amuser sa galerie, se procurer assez de ficelle pour faire tenir quelques jours de plus cette couronne sur sa tête! Et toujours avec la guerre civile pour cette seule couronne? Est-ce là une figure? Et pour un fils d'aigle et d'aigle à deux têtes encore? — Il ne peut pas songer à cela, vous dis-je.

Quoi donc? demander à s'en aller? Un passeport pour lui et vos pantalons rouges, et sa force européenne? remballer pour l'Europe couronne, trône, sceptre, décorations, toute la marchandise? Et sans avoir rien fait, là où il y avait tant à faire? Piteusement! — Quelle chute pour l'Intervention et pour lui-même!

Cherchez, épuisez les combinaisons, informez-vous et si quelqu'un trouve ici quelque chose (avec la condition du maintien de la couronne), quelque chose d'admissible, ayant un semblant de bon sens, engagez ce quelqu'un à prendre un brevet d'invention S. G. D. G.

Non, voyez-vous, non. En fait de couronne, de trône, de dynastie au Mexique, en ce siècle et dans cet état de l'Amérique et du monde, le vieux papa Fatum a dit non, et il est entêté le père Fatum.

Et en somme qu'a donc de si fâcheux ma recette? — Maximilien avait l'espoir — décevant et déçu — de fonder une dynastie — implicitement hier et explicitement aujourd'hui impossible. Il lui reste une très belle chance de fonder un Peuple. L'un vaut bien l'autre.

Obligé de quitter la partie que la Monarchie de la vieille Europe l'a induit à venir jouer contre la Démocratie sur ce continent — et où elle va le laisser en plein pétrin — que risque-t-il à en sortir en grand homme?

Par la seule abolition du péonage — trois lignes que son cœur doit tressaillir d'aise et son ambition bondir de joie en dictant — représentant momentané de cette Monarchie sur ce continent, il n'y aurait paru que pour y réparer, en un jour, trois siècles d'oppressions infâmes et qui font encore la honte de cette monarchie.

Mais il y peut rester, sur ce continent, et plus glorieusement encore en y conquérant le nom d'Organisateur d'une race humaine, de défenseur de son existence menacée par l'appétit mauvais d'une race voisine, de coadjuteur enfin du bon principe de cette dernière race et de la destinée générale du monde.

Est-ce que tout cela ne vaut pas une cour impériale dans l'École des mines de Mexico (n'est-ce pas là qu'elle a emménagé?) avec cet avantage, en sus, de pouvoir rendre ce bâtiment public à une destination sérieuse et utile? — Mais je me suis fait repincer et mon dernier mot s'allonge en diable; concluons donc, si possible.

Il faut que Maximilien fasse — voter pour lui Juarez. Programme habile mais sincère : Réformes radicales et régulières; formation d'un peuple; organisation démocratique et américaine de la nation mise à sa place naturelle dans le système continental; restauration de la République mexicaine par Maximilien avec 10 ans de dictature; paix signée entre le sentiment national satisfait et les pantalons rouges, et raccommodement fraternel en les rembarquant pour la France. — L'imminence des secours et la terreur de l'appétit américains refont une opportunité à Maximilien au Mexique. Sa situation y est, pour la durée d'un jour encore, exceptionnelle et suprême. Je souhaite pour lui du fond du cœur qu'il en profite, et même pour la pauvre Intervention, mal à l'aise dans ses bottes de 1836 lieues (de 5 kilom.) dont il couvrirait honorablement la retraite ; je le souhaite aussi en mémoire — de la proclamation d'entrée d'icelle en Italie,— et, si j'y avais été pour quelque chose, en conscience elle serait mon obligée et saurait garder, en cas, un bureau de tabac à offrir à ma veuve.

Si l'on veut agir, il faut se hâter. *Quick! quick!* — Et surtout pas de demi-mesures : — mieux vaudrait s'en aller d'aussi bonne grâce que possible en avouant qu'on s'était trompé. — Et, dans tous les cas, il importe souverainement de le confesser en pleine humilité et en parfaite candeur : *errare humanum est; homo sum*, etc. — Sur ce et entendant couvrir moi-même tout ce que je vous ai dit du bénéfice de ces bouts de vers latins, je vous laisse à vos tracas et vais reprendre ma 4e campagne contre mes fourmis campantes; elles dévorent tout. Ah! si quelque grande puissance européenne voulait entreprendre une intervention contre ces maudites, c'est pour lors que l'Amérique se montrerait reconnaissante et que, véritablement cette fois, les corps d'expédition seraient reçus avec des fleurs. Adieu. Dites à . . . .

. . . . . . . . . . . . . . . . . . . . . . . . . . . . .

*P. S.* A peine ai-je fini de vous recopier mon barbouillage à la hâte et fermé ma lettre, que je la dois rouvrir pour en glisser une autre sous l'enveloppe. C'est une idée qui vient de me surgir et que cette lettre vous expliquera elle-même. Si l'on veut faire ce que je propose, je crois que**** est l'homme à qui s'adresser. . . . . . . . . . . .

. . . . Si Maximilien comprend la nécessité d'abandonner une couronne perdue, et l'Intervention une position intenable, **** est l'homme qu'il vous faut pour faire comprendre à Juarez la nécessité, à son tour, d'abandonner en même temps sa *manière* de défendre une nationalité qu'il n'a pas su ou pu fonder, et dont cette manière prolongée compromettrait les éléments eux-mêmes.

La partie qui se joue sur ce continent à ce moment décisif est des plus simples. La galerie — qui voit souvent mieux que les joueurs engagés — la résumerait, je pense, à peu près comme ceci :

L'enjeu à gagner pour la race anglo-saxonne, le Nord, c'est la formation démocratique de l'unité du continent sous son initiative et son influence. (Elle gagnera comme que l'on joue, à moins qu'elle ne ruine sa constitution par de trop fortes indigestions, ou s'empoisonne et se gangrène.)

Pour les races de langue latine, l'enjeu c'est, hélas ! d'abord l'existence tout court, et ensuite l'existence autonome.

Pour l'Amérique entière, le continent, c'est l'organisation de son Unité comprenant la Variété de ses éléments actuels, préservés d'abord, puis utilisés et développés, ensuite fédérés et enfin unis en un TOUT harmonieux — monocéphalisés.

Pour le Mexique en particulier, d'abord l'existence autochthone, puis l'autonomie, enfin la direction générale de l'initiation des autres éléments de langue latine à la vie régulière américaine, — comme les États-Unis ont, de droit, la direction générale.

Or, Juarez avec le parti libéral, engagé contre le clergé et la pourriture satisfaite, a gagné d'abord et, ceux-ci, chassés du jeu partout le monde, n'y doivent plus rentrer.

Le parti libéral, trop âpre à la curée des chassés, trop tiède à l'œuvre de l'autonomie nationale à créer et ne voulant rien changer à la position sur l'échiquier, n'a pas permis à Juarez de sortir ses pions de leur case et de les avancer.

Survint l'Intervention. Elle voulait. . . . . peu importe : elle a perdu ce qu'elle voulait. — Mais elle a pu, Juarez privé du secours de ses pions, lui donner l'échec et l'acculer sur la ligne de sa tour à la bande gauche.

Maximilien est entré au jeu le dernier avec une couronne. Elle est, dis-je, perdue.

En l'état, Juarez seul ne peut rien pour regagner sa position et l'enjeu qu'il convoitait, et s'il appelle à son secours, pour chasser de la leur, Maximilien et l'Intervention, les cavaliers du Nord, ceux-ci pourront bien agir en cosaques et lui brouter son Mexique. Bref, la position de Juarez et de son parti est fort mauvaise. Empêché par son parti, il a perdu la cause nationale contre l'Intervention et Maximilien, et s'il tente de regagner la position contre ceux-ci en appelant des alliés extérieurs, il introduit, lui aussi, l'étranger au Mexique, et un étranger qui y mangera sa nationalité et sa race. — La position de l'Intervention et celle de Maximilien ne sont pas meilleures. Opposés tous quatre, ils se tiennent tous quatre en échec. Le résultat sera la honte de tout le monde et l'anéantissement du Mexique. — Ce dont chacun des quatre sera également responsable.

Que si Maximilien consent à *sacrifier* sa couronne — déjà perdue — que Juarez, les libéraux et les Américains lui enlèveront honteusement de la tête demain;

Que si les libéraux consentent à *sacrifier* leur péonage — que Maximilien peut leur enlever, même en partant, d'un trait de plume; que les Américains leur raseraient demain; que moi, moi tout seul, je jure de tuer après-demain (si ceux que cela regarde ne voulaient pas du bénéfice de le tuer eux-mêmes), car pour le tuer net, il suffit de l'exposer au plein jour et cela, qui le veut le peut;

Que si Juarez, après s'être, en homme antique et avec une gloire qui serait immortelle, enveloppé dans la défense du droit de la nationalité dont il avait charge, consent à *sacrifier* la honte qui l'écraserait s'il s'entêtait aujourd'hui dans son appel ou son invite au loup qui, cette fois, croquerait sa race comme chair à pâté;

Que si enfin l'Intervention consent à rendre au Mexique la liberté qu'elle lui a volée, mais qu'elle ne peut plus détenir sans s'en faire chasser honteusement par Juarez, avec qui elle a refusé de traiter, et par les Américains qui la traiteraient fort mal;

Que si, dis-je, nos quatre joueurs veulent consentir à sacrifier des non-valeurs ou des vanités ruineuses, très bêtes ou très criminelles, et à s'entendre en gens de sens et de raison, alors, au lieu de perdre tous, en s'obstinant à jouer les uns contre les autres, tous les quatre gagnent à coup sûr, et les États-Unis eux-mêmes, sans avoir rien à mettre au jeu, gagnent plus peut-être, à voir de haut, que tous les autres ensemble. Si on avait le temps d'étudier ceci et de le formuler un peu artistement, quelle jolie partie on en tirerait pour un numéro du *Palamède* ou un problème de l'*Illustration!* — Mais du temps, il n'y en a plus, du temps, par le temps qui court! et il me vient encore une idée, mais je jure bien que ce sera la dernière :

Vous avez vu tous ces *que si*, tout à l'heure. Eh bien, je trouve que c'est trop de *que* et trop de *si* et, au fond, à vrai dire, et sûr comme il est que le vent souffle à mes oreilles, un *si*, un *seul si* suffit à l'affaire, et ce *si* c'est vous.

Écoutez-moi bien! Si vous rencontrez de l'opposition, de l'hésitation, des bêtises, quoi? prenez-moi tout sous votre képi. Déclarez que votre parti est pris; que vous rembarquez votre expédition (Prim l'a bien fait et dans un cas bien moins urgent, bien moins grave), déclarez, dis-je, que vous partez et qu'en partant vous publieriez au complet, sincèrement, ce que vous avez proposé, voulu, et les raisons qui voulaient ce que vous vouliez, et les nécessités qui l'imposaient. Cela faisant vous restaurez l'influence de la France, perdue au Mexique en lui en rendant, comme d'un coup de baguette, toutes les vieilles sympathies, et plus vives. Et non seulement vous sauvez l'honneur de l'Intervention, mais, ce qui est plus sérieux, vous remettrez l'esprit de la France, dont l'URGENCE vous a couronné un moment le représentant, à sa place naturelle dans l'histoire. — Bien plus, en forçant ainsi la combinaison, vous sauvez le Mexique, une race, plus de la moitié d'un continent. Si vous y restez, l'Anglo-Saxon y entre, et s'il mange ce morceau de la race mineure, il mangera tout jusqu'au cap Horn : elle est tendre.

Faites cela de vous-même, vous dis-je! Sans attendre des instructions, sans en demander. Il n'est plus temps. Faites-le, quelles que soient vos instructions, en reçussiez-vous d'opposées ce soir. C'est votre droit de chef d'expédition à 1836 lieues 1/2 des Tuileries, dans un cas semblable, vous devez prendre sur vous. C'est votre devoir militaire. Vous n'êtes pas caporal, n. d. D.! Si vous laissez un jour de plus entourer votre position par les circonstances qui marchent à grands pas sur elle, vous ne serez plus maître, ni de la situation, — vous l'êtes encore, — ni seulement de votre position, elle devient misérable. Tout est perdu, même l'honneur, et il faudra vous rendre à discrétion... aux circonstances. Je ne parle pas, comprenez-moi bien, de l'honneur du drapeau ;

— ce n'est pas en question et les pantalons rouges, bien menés, le sauveront toujours. Je parle de l'honneur politique et surtout de l'honneur de l'esprit de la France — qui sont entre vos mains.

Mettant tout au pis, vous auriez ouvert et couvert honorablement la retraite et l'on vous en serait profondément reconnaissant. On vous serait même reconnaissant d'avoir agi sans ordres, contre vos ordres; car, faisant ainsi, vous eussiez encore mieux tout couvert, vous eussiez, par Dieu, couvert la couverture. Je connais mon monde, croyez-moi. Tenez, je parie la dernière poule de mon poulailler que j'envoie tout ceci aux Tuileries, et que, si on me lit, en somme et ne fût-ce que comme expédient, on m'y donne raison. Il en peut sortir des bêtises des Tuileries, sans doute, on n'y est pourtant pas précisément bête. Est-ce que vous croyez Napoléon III assez infatué encore, à l'heure qu'il est, pour ne pas commencer à comprendre qu'en allant à Mexico, il pourrait bien avoir pris une route de Madrid ou de Moscou, menant à quelque Sainte-Hélène obscure cette fois et piteuse? Tirez-l'en. S'il voyageait seul, ma foi! je n'ai point l'honneur d'être son conseiller et ce serait son affaire, *good bye Jones!* Mais vous, vous devez l'en tirer, et moi je tiens aux bagages. — Après tout, que risquez-vous? Est-ce qu'on a envoyé***** aux galères? on ne l'a pas même fait fusiller.

Adieu tout de bon; je vais me coucher.

## QUATRIÈME LETTRE.

Du 29 juin 1867.

. . . . . . . . . . . . . . . . . . . . . . . . . .

. . . Je voulais donc dire que, depuis l'envoi de ma dernière farde — c'est un mot du contingent belge, ne le repoussez pas, — me préoccupait malgré moi le souvenir du passage où je vous parle des circonstances qui marchent sur votre situation et l'auront bientôt entourée de façon à couper toute retraite honorable si l'on perd du temps. Je ne crains pas que vous vous mépreniez sur le sens de ces paroles, d'autant que j'y ai joint un mot qui réservait la question purement militaire. Mais, puisque j'ai tant bavardé sur le reste, je puis bien bavarder encore un peu sur ceci, ne fût-ce que pour rétablir l'homogénéité.

. . . . . . . . . . . . . . . . . . . . . . . . . .

Où donc en est-on en France? J'avoue n'y rien comprendre. Il est vrai, je suis on ne peut plus mal informé. Nous avons été ici depuis quatre ans bloqués de nouvelles plus que de toute autre contrebande de guerre. . . . . . — Un voisin de campagne me passe deux ou trois fois par semaine un certain *Telegraph* du cru. Si c'était au moins fait un peu proprement, avec des ciseaux, mais ce n'est pas même fait à la hache. . . . . Voilà mes sources d'information. . . . . . . Je viens de lire cet *item*, comme ils disent, dans un des derniers numéros dudit *Telegraph*.

« La nouvelle que l'on inscrivait à bureau ouvert, à Washington et à New-York, des recrues *pour coloniser* le Mexique, a produit, en tombant à Paris, une sensation profonde. L'impératrice et le conseil des ministres ont adressé une dépêche à l'empereur demandant son retour d'urgence. »

Cela me fait deux nouvelles à la fois, car j'induis de ces termes que Sa Majesté est en voyage, et c'est autant de gagné. — Mais ce qui m'abasourdit, c'est l'effet, à Paris, de cette nouvelle d'Amérique et le désarroi de cette impératrice et de ces ministres. Ah çà ! mais on ne s'attendait donc à rien à Paris et au gouvernement? On croyait donc bonnement que, la guerre civile terminée, les Américains allaient *accepter*, comme on dit, *les faits accomplis* — (pas même accomplis) — pendant qu'ils avaient eu chez eux de si gros fils à retordre? Tout le monde aurait donc, là-bas, perdu la tête, gouvernement et public? De quelle monnaie se paye-t-on aujourd'hui en France si l'on en est là? et qu'est devenue cette sagacité si vantée du peuple le plus spirituel, etc., et celle, plus vantée encore, de son gouvernement?

Qu'on ait pu croire que le Nord ne viendrait pas à bout du Sud, passe encore jusqu'à la réélection de Lincoln. Mais que, depuis cette réélection, on n'ait pas compris que l'intervention au Mexique était devenue un fiasco formel; qu'on ne l'ait pas compris après l'arrivée de Sherman à Savanah, et après la chute de Richmond! et après la capitulation de Lee! si bien que la nouvelle dont je parle ait pu, en arrivant à Paris, y faire l'effet d'un coup de foudre, y mettre en déroute impératrice et conseil, ou seulement y apprendre quelque chose qu'on n'eût pas formellement prévu, su, tenu dès longtemps pour acquis, voilà qui devient formellement compromettant pour l'intelligence du peuple le plus spirituel de la terre, et pour celle de son gouvernement, — dont ce ne serait du moins pas faute d'y prétendre et de se le faire célébrer dans l'univers sublunaire, s'il n'en était le plus profond — des gouvernements.

Quoi! pendant cette avalanche d'événements, d'un tel moment dans l'histoire, que l'histoire en datera (ce n'est plus désormais qu'une question de temps) la chute des gouvernements monarchiques dans le monde et l'ère de la fédération démocratique universelle, Sa Majesté Impériale, ce *self* représentant de ces gouvernements et du Césarisme ici-bas, qui, non content de s'en croire la clef de voûte en Europe, s'en était subrepticement constitué le Saint Paul en Amérique, qui croyait en avoir planté le drapeau sur ce Continent, avoir, conséquemment, conquis du coup le monde à la chose; Sa Majesté Impériale, dans de telles circonstances, laissant même, paraît-il, sa pauvre Impératrice et les Excellences de son Conseil sans instructions, voire sans le moindre avertissement, Sa Majesté était en voyage d'agrément! — d'agrément, sans doute! les voyages que les Majestés entreprennent dans leurs États au milieu de leurs sujets régulièrement enchantés, à travers des populations invariablement enthousiasmées, ne sont-ils pas invariablement et régulièrement aussi des voyages d'agrément? du moins jusqu'à ce qu'elles aient à faire leur voyage de Varenne, ou leur voyage de l'île d'Elbe, ou leur voyage de la Rochelle, ou leur voyage de Cherbourg, ou leur voyage de... (je ne sais plus le nom du petit endroit où le pauvre vieux Louis-Philippe s'est embarqué, la dernière fois, pour l'Angleterre). — Où en est-il donc, César !

Est-ce que, par impossible, on se serait payé sérieusement de la monnaie que M. Seward et son ministre à Paris ont certainement prodiguée pour appuyer leurs assurances diplomatiques pendant la durée de la guerre? Est-ce qu'on y aurait pris au sérieux le thème dont ils continuent peut-être encore l'usage officiel aujourd'hui? et qu'ils prolongeront avec des variations plus ou moins agréables jusqu'à ce que l'heure sonne? est-ce que le Sphinx s'y serait pris?

Eh bien, je suis très porté à le croire. C'est un phénomène commun, général, presque régulier que le négociant que la faillite entraîne, que l'irrésistible courant emporte, qui est déjà sur le revers de la cataracte où l'eau courbe à l'abîme et qui peut déjà le voir de ses yeux, l'abîme, cherche, jusqu'à la catastrophe, à cacher sa situation au monde et se la cache en quelque sorte à lui-même. Il saisira une paille entraînée avec lui et y croira comme à un roc ferme. Un esprit superstitieux, à destinée personnelle, à mission, à étoile, doit surtout s'y prendre. — Je voudrais bien tenir trois numéros quelconques d'un journal humainement fait, de Paris, de Londres ou de New-York, pour en avoir le cœur clair.

Que notre Sphinx ait donc cru à ces assurances, qu'il ait ordonné à l'impératrice et à ses ministres d'y croire, maintenant je le crois très possible et, de plus, probable. Napoléon lui-même, au bout d'un temps, M. Thiers le constate, ne s'occupait presque plus de la guerre d'Espagne; c'était devenu, dit à peu près, si je ne me trompe, l'historien de l'Empire, comme « une affaire désagréable dont on évite de parler et que l'on évite même de la pensée ». Au reste, personne au monde n'est aussi bien que vous, en situation d'être édifié sur ce point, et si vous n'avez pas encore reçu l'ordre de vous préparer à la retraite ou à recevoir l'avant-garde d'un renfort de 200 mille hommes, ce point est pour moi réglé. Mais que l'on soit parvenu à faire endosser par l'opinion publique une telle police d'assurance, c'est ce que je nie tout net : et la sensation profonde produite à Paris, suivant mon *Telegraph*, n'a nullement été, ne lui en déplaise, celle d'un coup de foudre inattendu et d'une surprise.

On savait bien, que diable! à Paris et en France, que le Congrès de l'Union, aux temps les plus sinistres et les plus sombres; après avoir essuyé tant de pertes; après avoir vu tant de massacres inutiles et sur une telle échelle, et les forces vives de la République tellement usées et gaspillées par l'impéritie militaire des premières années, et le Brennus Lee, avec son armée d'airain et son talisman d'invincibilité, toujours campé aux portes du Capitole, toujours menaçant de l'enlever; on savait en France qu'en ces temps mêmes où des hommes de toute autre race, à l'exception de nos pères de 92 et de Napoléon à Montmirail, eussent désespéré de la patrie, en face de cette formidable rébellion, en face des puissances européennes, alliées intentionnelles de celle-ci, prêtes à se déclarer à chaque instant alliées effectives; on savait qu'en défi à ces puissances, à cette rébellion et au destin qui semblait de la partie, le Congrès américain avait réaffirmé la doctrine de Monroe! On savait plus: on savait que dans la quatrième année de la guerre, quand Johnson, dans sa retraite de Fabius sur Atlanta, décimait chaque jour l'une des deux grandes armées de l'Union, celle de Sherman, et que l'autre, celle de Grant, fondait sur place en Virginie; quand les Copperheads enfin déclarèrent, à Chicago, la guerre une *failure*, on savait qu'alors même Lincoln avait été promu à la réélection sur un programme dont le premier mot était la réaffirmation de la même doctrine et réélu sur ce programme! que le premier mot du message de réélection de cet ancien faiseur de bardeaux avait été la réaffirmation de cette doctrine, notamment l'affirmation que les États-Unis d'Amérique ne reconnaissaient que le gouvernement de Juarez — déjà traité de bandit au Mexique! Que M. Seward enfin, après la prise de Richmond, avait agréablement plaisanté, dans un discours de rue sous ses fenêtres, à Washington, et sa propre diplomatie et Sa Majesté Impériale que cette diplomatie avait servi à amuser quatre ans, disant à son public qu'il rédigeait justement une dépêche à l'empereur Napoléon pour l'inviter « à venir « prendre, maintenant, à Richmond, son tabac, « si les rebelles ne le lui avaient pas fumé! » On savait tout cela en France et bien d'autres choses, et l'on y a certainement compris ce que signifiaient ces affirmations et ces réaffirmations d'une part, et ce que, de l'autre, pouvaient valoir les assurances diplomatiques de M. Seward. On ne s'y est pas trompé en France, non, je le jure !

Mais le Sphinx se serait plu à s'y prendre? Il se serait à ce point infatué, qu'il aurait cru imposer sérieusement au gouvernement des États-Unis, et que ce gouvernement aurait sérieusement peur de sa peau de lion ! il aurait cru que Lincoln n'aurait réaffirmé la doctrine de l'Amérique chez elle, en Amérique, que pour plaire aux masses démocratiques, assurer sa réélection, les tenir tendues jusqu'à la fin de la guerre et les tromper après ! M. Seward devait dire cela et bien d'autres choses? C'était son droit dix mille fois, et autant de fois son devoir, l'homme de lord Cowley eût-il été l'homme le plus loyal et le plus véridique du monde, un Bayard, — puisque ce Bayard d'hypothèse s'était gratuitement, délibérément et contre tout droit, mis en guerre depuis plus de trois années avec les États-Unis au Mexique, et que le droit de la guerre eût plus que suffi à la justification de ces amusettes, dès qu'elles suffisaient à tromper l'ennemi et à gagner sur lui un temps nécessaire.

Et puis lui, qui a vécu en Amérique, il a donc tellement « écarté de sa pensée le souvenir de ce pays désagréable » qu'il aurait cru, encore que Seward, Lincoln, Johnson et le sénat et tous les hauts bonnets du gouvernement voulussent sincèrement le laisser seigneur et maître du Mexique, l'opinion publique et Populus laisseraient faire? En vérité c'est tourner à la vieille femme, et dérangée encore. Je ne puis croire à de telles hallucinations, et cependant il y faut bien croire. Oui, on a saisi cette paille de salut, on s'y est cramponné et on a voulu y cramponner la France et le monde avec soi. Voilà ce que la logique, rigide et inextensible comme les liaisons des couples de la belle statique de Poinsot, est bien forcée de tirer des lignes de mon *Telegraph*.

Je crois qu'on n'a pas des idées bien nettes sur la doctrine de Monroe en France; je suis même certain que beaucoup de gens ne la comprennent pas beaucoup mieux ici en Amérique; je vais plus loin, je soupçonne que Monroe, son auteur, ne l'a pas perçue bien clairement lui-même.

En Europe, bon nombre d'esprits n'y voient qu'une prétention d'un droit plus ou moins réel, plus ou moins douteux pour les uns, d'une révoltante arrogance pour les autres, des Américains du Nord, à mesure que la force leur vient et que les dents leur poussent et s'allongent, à suprématiser le continent américain, ou à le dominer, ou à le manger.

En Amérique, il ne manque pas de sujets qui la comprennent tout aussi simplement et même de la dernière manière. Pour les masses elle est enfermée dans l'idée générale du droit qui sort directement et naturellement de cet énoncé : *American must rule America*, c'est-à-dire que l'Amérique est aux Américains, et que c'est à eux d'être les maîtres chez eux. Enfin, dans les *speeches* et dans les grands journaux, je n'ai guère vu que les déductions presque exclusivement formalistes et superficielles de l'énoncé populaire que je viens de dire. M. Seward, dans un discours, prononcé avant que l'armée *fédérale* fût encore réunie pour porter force à la loi, discours dans lequel, si j'ai bonne mémoire, il ne nommait pas même la doctrine de Monroe, qui n'était pas son objet, et où il développait les conséquences qu'amènerait, dans la constitution politique et sociale de l'Amérique du Nord, la sécession si on la tolérait, M. Seward, dis-je, dans ce discours, exclusivement consacré à des considérations intérieures, et bien qu'implicitement, est, que je sache, l'homme qui a le plus approché jusqu'ici du principe juridique et social et du vrai sens de la doctrine de Monroe. Quand je dis du vrai sens de la doctrine de Monroe, l'expression n'est peut-être pas exacte, car j'ai en vue, ici, une doctrine réellement nouvelle que j'appelais tout à l'heure déjà doctrine américaine, et qui n'est elle-même que le second terme du développement d'une formule générale dont la doctrine de Monroe, proprement dite, n'est que le premier terme, c'est-à-dire une simple approximation encore étroite, timide et nécessairement incomplète. Un mot eût suffi à qui sait entendre pour donner au discours de M. Seward un caractère explicite à ce sujet, c'eût été d'appeler l'armée fédérale, que l'Union allait préparer, du nom d'armée *américaine* destinée à mettre la sécession à l'*ordre américain*. Cette désignation continentale sera en effet, je le pense, le nom de la doctrine qui succédera à celle de Monroe, quand la formule générale, d'où celle-ci sort déjà comme premier terme, commencera à être mieux et plus clairement entendue dans son essence, son droit profond, sa portée véritable et sa grandeur. Je me garderai de m'engager ici dans ce défilé qui nous mènerait beaucoup trop loin. Toutefois, j'indiquerai en finissant et par simple énoncé la nature des trois termes du développement dont je parle : cela ressemble, à s'y méprendre, à l'expression du carré du binôme $(a + b)^2 = a^2 + ab + b^2$.

Disons donc que la fonction générale ou $(a+b)^2$, conséquence de la constitution politique et sociale de l'Union, élément catégorique de sa vie propre, latente dans l'âme de son peuple, et déjà en possession du sentiment de ce peuple, sinon encore développée nettement dans sa conscience et clairement établie dans son intelligence, confère aux États-Unis :

En premier terme ($a^2$), le droit contenu dans l'énoncé de la doctrine de Monroe, droit négatif, défensif, purement protecteur de l'Amérique contre les entreprises de l'Europe.

Son deuxième terme ($2\ a\ b$), sous le nom probable de doctrine américaine, conférera aux États-Unis un droit légitime de haute intervention dans tous les États de l'Amérique, du détroit de Behring au cap Horn, y compris les dépendances géographiques de ce continent dans les mers.

Son troisième terme enfin ($b^2$) investira ce peuple, tout aussi légitimement, d'un autre droit, à l'occasion d'un devoir d'intervention dans les affaires de l'Europe elle-même. Ce troisième terme est la pleine antithèse de la doctrine de Monroe, quoique nullement en contradiction avec elle, puisqu'il se déduit de la même formule générale et n'est que la suite du développement. — J'ajoute que la démonstration du tout n'est, de sa nature, ni embrouillée ni pénible, mais susceptible au contraire, avec un peu de temps et une plume plus habile que la mienne, d'autant de clarté que de rigueur et d'élégance.

Mais, pour rentrer dans la pure politique, en prenant les choses telles qu'elles sont aujourd'hui, et la formule à son premier terme, la simple doctrine de Monroe, je dis que cette doctrine, telle que, suffit à la situation et nage déjà en pleine légitimité. Son thème, en effet, est le suivant :

L'Amérique est chez elle en Amérique comme l'Europe est chez elle en Europe. L'Europe se gouverne monarchiquement, c'est son affaire. L'Amérique a choisi pour elle le *self government*, et le peuple de l'Union qui est *de fait* le père du self government sur ce continent et le fils aîné de la famille des peuples américains, qui s'abstient d'ailleurs, par les propres règles de sa politique traditionnelle, dans les affaires intérieures de l'Europe, a le droit et le devoir de prendre la défense de son principe de gouvernement et de l'Amérique elle-même contre toute entreprise de l'Europe; il tiendrait donc toute entreprise extérieure sur ce continent pour une usurpation et une violation du droit de ce continent, et il entend faire respecter l'un et l'autre, en portant à leur défense, son influence, son poids et au besoin celui de ses canons.

Telle est, je crois, la pure doctrine de Monroe. Dans ces termes, la légitimité de la prétention américaine est déjà fort satisfaisante, sensiblement plus, je suppose, que le droit de l'Angleterre, par exemple, à forcer la Chine pour l'ouvrir à son poison. Ajoutez à cette légitimité suffisante une force suffisante pour la faire respecter, et la prétention devient très respectable. Or, les États-Unis, Nord et Sud — car il faut les tenir pour désormais plus unis que jamais, Nord et Sud, Est et Ouest, dans cette doctrine, — ont prouvé, je suppose encore, que, chez eux et à leur porte, ils ont cette force.

Voilà la chose, telle que. Théorie et pratique, elle se résume dans un dialogue : Toute puissance européenne qui prétend venir sur ce continent se mêler à main armée des affaires intérieures d'un membre de la famille américaine est un intrus sur ce continent, et les États-Unis se réservent de l'en faire, à leur heure bien entendu, déguerpir. Et si l'intrus, l'heure venue, voulant entrer en conversation, demandait de quel droit on le veut chasser, on lui demanderait, en réponse, de quel droit il est venu. Et s'il était assez... assez *chose* pour répondre : Ma mission ! on lui répondrait, notre mission. Et à son dernier mot : Mes canons ! on lui répondrait : Nos canons ; assez causé, commençons. — Conclusion du dialogue parlé et commencement du dialogue par gestes. — *Ultima ratio regum — ultima ratio regibus.*

Or, tenez ceci pour certain, de la frontière du Canada à celle du Mexique, l'Amérique du Nord, populations et gouvernement, est prête tout entière pour ce dialogue et la signification de l'huissier peut être présentée chaque matin. — Et le pire, c'est que ce n'est pas seulement le droit outragé d'un peuple qui a la prétention d'être déjà très grand et qui a encore de bien plus grandes prétentions à beaucoup grandir, l'honneur de ce peuple, et, de plus, son devoir, qui exigent cette signification, mais, en sus, des appétits de boas, servis par des organes qui avalent en voyant et ont digéré avant d'avoir avalé. Le boa n'avale qu'un bœuf ; ces gens-ci avaleraient des troupeaux. Ils réalisent l'hyperbole de Brillat-Savarin, mangeant partout, de tout et tout. Les appétits de rois, les plus connus dans l'histoire, ne sont que des mauviettes à côté de ces estomacs ; c'est la boulimie d'une race de Gargantuas dans sa croissance. De sorte que toutes les forces — bonnes et mauvaises — de ce peuple très fort, chez lui du moins déjà, sont ici parallèles et se composent dans une seule résultante : Le Déguerpissement.

Ajoutez que ce peuple, — qui n'est point militaire, quoiqu'il vienne par occasion d'apprendre la guerre, — c'est le génie du commerce incarné. Une base capitale de spéculation lui manque-t-elle, crac ! il en invente et en a déjà monté une autre : à preuve *King Cotton* et son triste sort. Les imbéciles de fortes têtes qui avaient si savamment concerté la sécession (*See Debow's Review*, cuisine centrale), n'avaient-elles pas imaginé et fait partout prévaloir chez les gens du Sud que, par cette royauté (du coton), produit de leurs esclaves, ils tenaient les Yankees à discrétion — le reste du monde allant comme appoint. Eh bien, avant qu'ils eussent eu le temps de retirer de la circulation leur omnipotent monarque, les Yankees lui avaient déjà trouvé et donné un remplaçant, le bonhomme *Petroleum*, inventé et imaginé en un tour de main pour la circonstance. Tenez-le pour certain, d'un cas de guerre avec une puissance maritime, ce peuple ferait, en l'état avancé de la science, une affaire colossale. N'avoir plus, pour s'approvisionner abondamment des produits du vieux monde, qu'à aller sur les mers à la rencontre de ses correspondants, et à les débarrasser sommairement de leurs chargements sans autres frais que ceux de retour, c'est une spéculation tout à fait suivant leur cœur. Ils en payeraient, au besoin, un beau prix la chance. Le cas échéant, ils auraient bien vite engagé des capitaux fabuleux dans l'exploitation, monté les entreprises, réglé les dividendes des travailleurs et des actionnaires, et les *Alabamas* sortiraient par centaines de leurs ports et de leurs rivières. Avant peu ils vous en auraient fourré jusque dans la Manche.

De tout quoi il faut conclure que la signification de déguerpissement sera, de façon ou d'autre, présentée. Elle le sera ! il n'y a pas à dire ! Et que la diplomatie de M. Seward, l'homme d'État américain qui justement paraît avoir pénétré le plus avant l'impératif absolu des conditions sociales américaines et dépassé déjà la doctrine de Monroe, que l'eau bénite de ce goupillon, encore qu'on en prolongeât le jeu, eût été reçue comme sécurité, comme sérieuse garantie du contraire, cela échapperait à la haute politique pour tomber dans la comédie — genre burlesque.

La question des circonstances qui marchent sur la situation créée par l'Intervention, n'est donc plus de la signification de déguerpissement — on en doit tenir la pancarte pour rédigée, prête, entre les mains de l'huissier et pendante; — la question critique est *de l'heure* de la présentation. Cette présentation faite, en effet, l'heure d'agir honorablement, efficacement, l'heure même de la retraite honorable est passée, — raisonnant dans l'hypothèse raisonnable que l'on ne songe pas sérieusement à une résistance sérieuse. Or, comme le papier timbré peut être exhibé à toute heure, que l'on n'a pas, *que l'on ne peut pas avoir de garantie réelle, à chaque minute, qu'il ne soit déjà en route,* je dis que la plus haute raison de conduite, comme le plus simple bon sens pratique, exigent que l'on agisse à l'instant, sans perdre une heure, sans perdre une minute, sans s'exposer, enfin, à la situation qui résulterait soudain, si l'on n'avait rien fait auparavant, de la présentation de ce fâcheux papier. Après, en effet, tout devient humiliant et peut-être impossible.

En politique, c'est comme en amour : l'heure, souvent, est décisive; et, comme en amour encore, l'heure n'a quelquefois que quelques secondes. C'est surtout le cas dans les circonstances graves. IL EST TROP TARD. Ces quatre mots sont le coup de marteau du vieux FATUM, ce commissaire priseur immuable des dieux et des hommes, de toutes les choses muables en haut et ici-bas. Il en a déjà bien mis à l'encan, des temples et des palais, des autels et des trônes, depuis l'origine de nos temps, ce liquidateur éternel des religions, des empires, de toutes nos discussions et de toutes nos affaires! IL EST TROP TARD. Pour moi, je ne sais rien, comme ces quatre mots, qui fasse résonner la Fatalité dans l'histoire, quand le timbre des temps frappé sonne cette inexorable vibration dans l'espace. Ce sombre Fatum les a fait dire à Napoléon, par la voix de l'Europe armée, à plusieurs reprises. Il traitait cette fois de puissance à puissance : déférence rare; tendresse, peut-être, pour un fils qui avait de ses traits. Quinze ans après, il ne les a plus fait dire qu'une fois à Charles X, à Rambouillet, le lendemain des barricades, et dix-huit ans plus tard, le jour même des barricades à Louis-Philippe à Paris. Quatorze ans, quinze ans, dix-huit ans, périodes courtes! Le bonhomme aurait-il commencé, pour les dynasties, là-bas, à régler sa montre? C'est son arcane et la recherche du rébus n'étant point, explicitement, de notre sujet, je reviens au Mexique, où je maintiens que l'heure presse. — Et tenez, malgré les allures difficilement révérencieuses d'une plume empruntée à l'aile d'une oie démocratique et sauvage, comme elles sont toutes en ce pays-ci, et mes propres anciennes inclinations aux libertés de l'encre gallicane, je vous assure que, indépendamment de la belle occasion d'un grand bien manqué, ce ne serait pas sans un sentiment profond de tristesse que je verrais le drapeau français — sinon celui de la France — et Maximilien, se rembarquer peu glorieusement, l'un et l'autre, pour l'ancien monde.

Qu'a décidé, *pour l'instant,* le gouvernement fédéral? Je n'en sais naturellement rien et n'ai, d'ailleurs, jamais vu moins de journaux et moins su de nouvelles que depuis que la côte est libre. Du Mexique, depuis février dernier, je n'ai pas vu une ligne imprimée, et rien pu apprendre. Monterey, à nos portes, est depuis plus de six semaines, suivant les uns, repris pour la troisième ou quatrième fois par les impériaux, pour les autres toujours aux libéraux. Les courriers du commerce n'arrivent même plus. Ceux qu'on fait partir ne reviennent pas. Mon fameux *Telegraph* s'est mis lui-même à manquer. On dévalise, on pille, au besoin on assassine sur toutes les routes.

. . . . . . . . . . . . . . . . . . . . . . . . . .

Règle générale, l'Américain ne vole jamais : il prend quelquefois et fait des affaires toujours. — Mais pendant quatre années la sécession a mis toute la population de ce pays à un enseignement non pas gratuit, mais obligatoire, de démoralisation élémentaire, moyenne et supérieure : éducation complète, dans toutes les branches et sur toutes les lignes. Et après tout, en voyant la grande masse de ces pauvres gens retourner aujourd'hui à leurs fermes ruinées, à leurs défrichements reconquis par la Nature, — ce terrible mauvais voisin du Settler sur les sols puissants — et commençant bravement à tout recommencer, on doit à la population démocratique du pays le témoignage honorable de son peu de capacité pour les leçons que sa méchante aristocratie de politiciens, d'avocats, de couvents, d'offices, tous ses professeurs sécessionistes enfin, lui ont prodiguées. Les bons élèves pourtant suffisent à infester les routes, et c'est pour cela, entre autres choses, que les nouvelles sont plus rares que jamais.

Réduit à des conjectures, je suppose que le gouvernement fédéral a sursis, pour le moment, à une exécution directe au Mexique. Il n'a nul besoin, lui, de se presser. A l'activité militaire qui s'était montée, il y a deux ou trois mois, à un degré si remarquable, paraît avoir succédé un temps de repos. Quand le *Transmississipi Department*, au plus fort de ses jactances de résistance et de « guerre qui ne faisait que commencer » vers la fin d'avril, a jugé à propos, soudain, de se rendre, 150 mille hommes recevaient l'ordre d'y marcher. Et certainement si l'on avait voulu y tenter cette défense à outrance, les Yankees, comme disent nos messieurs, occuperaient à l'heure qu'il est le pays tout entier. Or leurs avant-gardes n'arrivent encore que lentement à la côte. Ils semblent maintenant aussi peu pressés d'occuper le pays que la masse de la population l'est de les y voir. On n'a jamais désiré une maîtresse avec autant d'impatience qu'on appelle ici la présence de l'ennemi. Jamais populations fidèles n'ont eu hâte de prêter leur serment d'allégeance à un roi idolâtré, comme ces terribles rebelles au gouvernement exécré des États-Unis, à cette tyrannie infâme, monstrueuse, abjecte, que leurs entraîneurs leur faisaient jurer, hier encore, de mourir cent fois plutôt que de jamais reconnaître. Quoi qu'il en soit de ces ardeurs, les Yankees paraissent vouloir se faire désirer. Cet État est le seul qui n'ait pas eu à souffrir directement de la guerre. Le pauvre peuple entraîné, ou pressé, contraint, terrifié et enlevé de ses fermes pour la guerre a souffert seul; les tripoteurs sécessionistes ont fait, presque tous, de très brillantes affaires. On dirait que les infâmes Yankees ne sont pas trop fâchés du désarroi actuel du pays, et qu'après avoir tué la Sécession, ils veulent laisser faisander un peu la bête, et le peuple et ces messieurs la sentir suffisamment, avant de l'enterrer.

Cependant il est certain qu'on envoie de ce côté-ci quarante mille hommes au moins. Quarante mille hommes, c'est beaucoup pour un État où le gouvernement sait, aussi bien que moi sans doute, qu'il pourrait se contenter d'envoyer un gouverneur — avec cinquante hommes d'escorte, s'il tenait à lui faire honneur. Tout seul, avec un ordre de Washington, un commissaire fédéral serait partout obéi et si promptement que ce serait merveille. La population, du reste, lui suffirait pour l'aider à en finir avec les douaniers marrons qui exercent sur les grandes routes.

Ces quarante mille hommes sont-ils destinés à entrer au Mexique, je n'en sais rien. Mais ce que je sais bien, c'est que leur présence est inutile ici à tout autre titre, et que n'y venant pas pour soumettre un État parfaitement soumis et si empressé de régulariser sa soumission, il faut bien qu'ils n'y viennent pas pour autre chose. Ce que je sais encore, c'est que leur simple présence équivaudra presque déjà à la présentation de la pancarte ci-dessus désignée, et rendra bien menacée, bien précaire et bien difficile la position, déjà fort embarrassée de Maximilien, *empereur de l'Intervention.*

Je note en outre que si l'on ne se presse pas d'occuper l'intérieur du pays, on s'est beaucoup plus pressé d'en occuper, en force, le point extrême, Brownsville, qui commande précisément l'embouchure du *Rio Grande*, et même de remonter ce fleuve qui forme cette frontière sur la position de laquelle votre prédécesseur avait des idées si peu arrêtées.

Je remarque en sus que le commandant militaire fédéral, tout en notifiant à Mejia, son vis-à-vis impérial, la neutralité de son gouvernement entre les belligérants, lui notifie également « les « bons sentiments de ce même gouvernement « pour la *République* mexicaine et le gouverne- « ment de celle-ci, le seul que le sien connaisse « et reconnaisse au Mexique ».

Les mêmes expressions de neutralité sont formulées à l'autre extrémité de la frontière, en Californie, avec la même expression de sympathie pour la République mexicaine et la réserve expresse de l'autorité militaire qu'elle veillera au maintien de cette neutralité, « jusqu'au moment « où le gouvernement de Washington aura an« noncé sa détermination de maintenir inviola« ble la doctrine de Monroe, si chère à tout cœur « américain ». — Tout cela est fort louche, en d'autres termes, extrêmement clair.

Une chose moins claire et plus effectivement louche c'est l'affectation avec laquelle on annonce qu'on ne laissera point, pour le moment, passer de secours armés à Juarez. Si l'on avait dit que l'on ne laisserait pas passer de colons organisés et armés, ou mieux qu'on ne laisserait rien passer du tout, cela aurait eu un sens, ou au moins une apparence. Mais comme sur toute la longueur de l'immense frontière, de Matamoros à San Diego, nul ne voyage et n'entre au Mexique sans être, de règle et de nécessité, bien armé, si on laisse passer des colons et des gens pacifiques, on laissera passer au moins autant de rifles et de revolvers. Dans ces parages, d'ailleurs, on ne marche que par bande ou trains équipés et approvisionnés : donc si l'on n'interdit pas tout, on n'interdit rien ; on réserve l'essentiel et l'on ne court d'autre risque que d'endormir l'ennemi, ou, s'il dort déjà, de prolonger son sommeil — ce qui est toujours avantageux à la guerre. Je voudrais bien savoir si Juarez se plaint ici de la trop rigoureuse neutralité des Yankees? Il en redoute peut-être plus un secours trop puissant qu'il ne craint Maximilien et les forces dont vous disposez vous-même ; et c'est là, suivant moi, ce qui laisse une chance suprême et unique à Maximilien.

Ce qui me paraît aujourd'hui probable, c'est qu'Andrew Johnson, laissant reposer le gros de son monde, va masser des forces au Texas, tout en s'occupant spécialement de la liquidation de la Sécession et des 14 articles de son Amnistie. Si c'est partout aussi facile que cela paraît devoir l'être au Texas — dont les hommes, avec ceux de la Virginie, pour confirmer la règle du contact des extrêmes sans doute, se sont le mieux battus pendant la guerre — ce ne sera ni bien embarrassant, ni bien difficile. Ce n'est pas que la question semble encore très bien posée au Nord. Le Nord n'a pas vu la Sécession se faire sur place, et ne paraît pas se douter encore jusqu'à quel point elle a été artificielle. Il n'a vu la Sécession que lancée en guerre et furieuse, et, avec le monde entier, il y aura été trompé. La question n'est nullement, comme je la vois beaucoup trop agitée encore, entre le Nord et le Sud. Elle est entièrement, exclusivement, entre la Démocratie et l'Aristocratie au Nord comme au Sud ; entre les travailleurs et les partisans de l'exploitation du travail d'autrui, au Nord comme au Sud ; entre les hommes de la grande Patrie ouverte, et les hommes des petites patries indépendantes, souveraines, sauvages et fermées ; entre les hommes de la fédération et des Sunderbunds ; entre les industrieux et les guerriers ; entre les partisans de la force de la loi et les partisans de la loi de la force ; entre les républicains et les monarchigènes ; entre la civilisation américaine et les résidus de la barbarie européenne ; pratiquement enfin et par la liquidation, la question est tout entière entre les masses qui travaillent et veulent vivre convenablement de leur production, et les cliques quelconques qui veulent vivre des masses sur les masses, aisément, largement ou splendidement, en ne produisant guère ou pas du tout, et ne travaillant pas ou le moins possible. Dans tout cela il n'y a rien de sectionel ni de géographique. Je ne comprends point ces discussions sur la question de savoir « si le Sud n'est pas « déjà assez puni, n'a pas déjà assez souffert, si « le Nord doit se montrer rigoureux ou clément « envers le Sud, etc.? » Il ne s'agit de rien, absolument rien de semblable. Si le gouvernement de l'Union doit punir, il ne doit punir que les traîtres qui ont préparé, comploté et lancé délibérément la rébellion — à l'exception de ceux qui sont couverts par des capitulations militaires acceptées, ces capitulations étant des contrats et le respect des contrats étant la base juridique de la société. Et s'il les doit punir, ce n'est pas plus et pas tant pour le mal que ces coupables ont fait au Nord que pour celui qu'ils ont fait au Sud. Ce qu'il est surtout de son devoir de faire, à ce gouvernement du Nord et du Sud, à ce gouvernement de l'Union, c'est d'achever de désabuser les masses du Sud, de les éclairer, de leur montrer qu'il les a combattues quatre ans et définitivement battues, pour leur plus grand bien, pour leur propre cause, pour leurs intérêts les plus intimes et les plus considérables comme hommes, comme travailleurs, comme citoyens et comme Américains. Qu'il ruine, qu'il chasse d'ici et envoie à leurs amis les aristocrates et les monarques d'Europe, les fauteurs du crime le plus vaste, le plus désastreux et le plus sanglant qui ait jamais, je crois, été commis encore sur la terre, ma raison est bien forcée de n'y voir rien que de juste et de nécessaire, à moins que la société se croie en état de supprimer toute espèce de peine pour toute espèce d'offense ; mais surtout qu'il pourvoie à l'avenir en dissolvant les cliques ci-dessus désignées, en détruisant celles qu'il peut détruire et prévenant la réformation des autres. Celle qu'il peut et doit détruire, c'est la caste des *slave holders*, des grands propriétaires de nègres, — pure clique à côté des masses, si puissante qu'elle ait été comme élément grandissant d'une aristocratie mortelle à la constitution intime de la société américaine. Le péché des castes n'est pas personnel. Les castes du monde occidental, Europe et Amérique, portent leur péché comme leur force dans la famille et c'est dans la famille qu'il faut les atteindre. La classe des *slave holders*, détruite par la confiscation de ses esclaves pour la liberté, doit être achevée par la confiscation effective de ses grandes propriétés au profit des familles pauvres du Nord et du Sud, surtout du Sud, auxquelles elles ont causé les plus grandes pertes et les plus grandes misères. Il n'est pas même question ici de punir des personnes, rien de semblable; mais tout simplement d'appliquer le principe juridique de la *réparation des dommages, par ceux qui les ont causés*, abstraction faite des intentions. Qui casse les verres les paye! Ce seul principe de justice vulgaire, et aussi politique ici qu'il est juste, appliqué par des juges de paix ou des jurés, suffit à la destruction de l'aristocratie esclavagiste du Sud et à la liquidation de la Sécession tout entière. Il n'y a pas ombre de vengeance politique dans ce procédé, il n'y a que la justice de la réparation. Le procédé étant pratique et ce peuple-ci l'étant essentiellement, j'espère qu'on y viendra. La production nationale dût-elle en souffrir pour un temps, la constitution, la santé et la force du corps social y ont tant à gagner, que les pertes du moment seraient amplement réparées dans un prochain avenir. — Mais quel rapport tout ceci a-t-il avec notre objet? Je bavarde hors de la question et ne sais plus du tout où j'en étais.

J'en étais à ces conjectures : Le gouvernement fédéral s'occupe, pour le moment, de sa liquidation. *S'il n'a pas d'autre envie* que de voir la Monarchie et l'Intervention se rembarquer un peu plus tôt, un peu plus tard pour l'Europe, il peut attendre sans rien trop faire ostensiblement et officiellement. Maximilien et vous, n'avez pas pu réduire Juarez quand il vous avait de front et la Confédération sur ses derrières. Aujourd'hui qu'il ne peut plus avoir affaire qu'à vous et qu'il *sent les coudes à gauche*, — comme le grenadier du pont d'Arcole (pourquoi n'en introduit-on pas le mot dans les Rhétoriques, ne fût-ce que pour renouveler un peu le *moi* de Médée et le *qu'il mourût* du vieil Horace?), vous comprenez parfaitement que vous ne lui pouvez plus rien. Sa position est celle de l'ancien boxeur Antée, l'une des meilleures connues des temps héroïques. A chaque coup un peu fort que vous lui porteriez il recouvrerait, comme celui-ci, ses forces en touchant sa frontière du Nord, et vous n'êtes pas des Hercules, au contraire. Et si vous aviez le malheur d'être trop près de l'enlever, Hercule, qui compose la galerie tout seul désormais, et qui, cette fois, est son second et parie pour lui, vous tomberait à l'instant sur le casaquin.

Quoique ne sachant par aucun renseignement où vous en êtes dans l'intérieur, il est trop clair que vos forces sont insuffisantes, puisque vous n'avez pu en détacher de quoi pousser plus vivement Juarez. Je ne sais pas ce que Maximilien a de forces mexicaines, ni de forces austrofranco-belges, disons européennes, en dehors des vôtres dont le chiffre, même approximativement, m'est également inconnu. — Pour son armée mexicaine, en supposant qu'il se crût sûr de deux hommes — à pouvoir y compter en tout état de cause — par déférence, je ne le voudrais pas contester; mais qu'il en prétendît trois, c'est ce que, depuis le trépas de la Confédération surtout, on ne saurait lui accorder.

Quant à son armée *européenne*, j'ai une petite théorie à vous soumettre : il s'agit d'un phénomène de chimie militaire qui mérite de fixer l'attention des hommes du métier, aussi bien que des hommes d'État dont les méditations se porteraient sur les chances et les conditions futures des entreprises européennes, dont le continent américain, sa moitié septentrionale surtout, devrait être le théâtre. Voici la thèse :

Je dis que les États-Unis, indépendamment de leurs moyens de résistance armée sur ce grand champ stratégique — dont ils sont, militairement désormais, les maîtres — possèdent d'ores en avant, en outre, la faculté singulière de fondre et décomposer, par contact ou par simple influence, les armées européennes en général, et spécialement celles qui, comme la force de Maximilien, seraient recrutées d'aventuriers, — ce mot signifiant simplement ici des prolétaires européens disposés, par un esprit entraînable ou entreprenant et par leur position peu favorable en Europe, à en venir chercher, plus ou moins aventureusement, une meilleure en Amérique. C'est bien là, en général, la condition des recrues européennes de Maximilien.

Eh bien, sans remonter aux anciennes migrations des peuples, qui semblent s'être toujours faites d'Orient en Occident, — disons des plateaux de l'Asie centrale vers l'Europe, — ni en rechercher les causes, remarquons que le même mouvement se continue dans nos temps modernes. Seulement, au lieu de ces grandes migrations, qui procédaient par submersions, nous avons actuellement *l'émigration*. Celle-ci procède par un courant constant ou plutôt un courant dont la masse est régulièrement croissante et le mouvement régulièrement accéléré. Ce ne sont plus des peuples qui se déplacent, les armes à la main, dévastant tout sur leur passage — *populabundus agros*, disait le Rudiment — ce sont des *individus* que le commerce transporte et qui forment des populations d'autant plus considérables, entre deux limites de temps égales, que la navigation, la vapeur, l'industrie et la science se perfectionnent davantage. Au lieu de coups violents d'intégrales barbares, agissant à grandes distances comme des soulèvements géologiques et des catastrophes, c'est un flux continu de différentielles innombrables dont la somme, croissant chaque jour, opère une formation calme et régulière autant que féconde. L'étude des éléments et la recherche de la fonction générale de ce grand déplacement seraient une belle question de dynamique sociale ou humanitaire, incontestablement. Quoi qu'il en soit, tenons-nous à constater le fait, acquis désormais, de l'*attraction* que le nouveau monde et surtout la partie où la formation sociale en est le plus avancée, exerce sur les masses prolétaires du vieux monde; attraction d'autant plus manifeste et effective que la richesse et la condition démocratiques se développent davantage sur ce continent, et que les perfectionnements de la science rendent le milieu qui sépare les deux mondes moins résistant, ou, si l'on veut, plus aisément pénétrable à la transmission de cette attraction et au passage des molécules humaines, attirées de l'un de ces mondes à l'autre.

Bref, en sociogénésie, et avec autant de ridant en physique ordinaire, on peut énoncer que les États de l'Union sont, sur ce globe, à cette époque, le lieu du pôle principal d'aimantation de la matière prolétaire et démocratique universelle, et que cette matière s'y transporte, s'y *polarise* socialement et s'y *organise* de plus en plus fortement chaque jour.

En d'autres termes, l'Amérique est devenue la *patrie sociale* du prolétaire sur ce globe, et les États de l'Union y constituent le *foyer principal* d'attraction prolétaire et démocratique du monde entier. — Il est notable que les prolétaires chinois ou de race mongolique affluent sur la côte occidentale, en Californie, comme nos prolétaires caucasiens d'Europe sur la côte orientale.

Maintenant, si vous voulez remarquer que — à l'inverse des armées temporaires du système civil et démocratique américain, lesquelles sont, généralement et en principe, composées de citoyens d'une classe unique, — la masse des armées permanentes du système militaire et monarchique, encore superposé aux éléments modernes, en Europe, est composée de prolétaires, vous saisirez tout de suite le principe de la théorie que je suis en voie de vous soumettre.

guerre aux États-Unis se met d'abord, généralement, en opposition spéciale, sur ce point, avec l'idée démocratique et sociale chez lui ; et toute disciplinée et monarchiquement bien manipulée qu'elle puisse être, son armée d'invasion emporte nécessairement avec elle une quantité magnétique donnée de ce sentiment. Le gouvernement européen embarque son armée pour ce continent : qu'est-ce à dire, sinon qu'il entreprend le transport, à ses frais, d'une masse prolétaire, et l'amène au voisinage du foyer d'attraction moléculaire de celle-ci? Nous voici dès lors dans les conditions de développement de ce phénomène de chimie, militaire à un point de vue, démocratique et sociale à l'autre, dont je parlais tout à l'heure. L'élément prolétaire est retenu dans le corps solide qu'il constitue par la cohésion de la discipline et quelques forces secondaires qu'il serait trop long d'analyser; mais les affinités naturelles pour la terre sur laquelle il se trouve transporté et pour son pôle américain, agissant en raison inverse du carré des distances, le corps militaire, l'armée est déjà travaillée dans sa constitution, et la décomposition moléculaire y commence. Militairement cela s'appelle la dé-

gement du prolétaire, d'une combinaison contraire à ses affinités électives où il n'est retenu que par une force artificielle et mécanique, pour se polariser librement sur une patrie sociale.

Il va de soi, d'ailleurs, que l'armée en question sera d'autant plus facilement désagrégeable et décomposable que la masse prolétaire en sera moins militairement homogène, d'une part, et plus imbue du sentiment démocratique de ses droits sociaux, de l'autre. Au premier de ces titres, l'armée d'aventuriers de Maximilien doit être toute disposée déjà à entrer en fusion. Au second, une armée française serait moins résistante qu'une armée russe, étant composée d'éléments plus intelligents, beaucoup plus imbus du sentiment démocratique et de la notion des intérêts et des droits sociaux du prolétaire.

La disposition chimique à la décomposition et la fusibilité dont je parle étant ainsi fonction d'un *sentiment* et d'une *connaissance*, sont donc soumises à des influences remarquablement analogues aux actions bien connues de la *chaleur* et de la *lumière* dans les phénomènes de chimie ordinaire. L'Union américaine, en supposant qu'elle comprît bien la propriété qui lui est inhérente et

volonté et par une manipulation intelligente, activer singulièrement ces dispositions à la désagrégation, fondre le corps solide qui lui est opposé, décomposer peu à peu, à son profit, et finalement, avoir plus ou moins complétement transformé ainsi une armée d'invasion en un convoi exceptionnel d'émigrants. L'Union peut, au besoin, accroître l'intensité de ses forces attractives; mais, sans même avoir recours à cet expédient, il lui suffirait probablement de laisser agir ses forces attractives normales et de chauffer et éclairer le corps à décomposer. Ce serait, par ma foi! une expérience nouvelle et fort curieuse; et pour ma part je prendrais un vif intérêt à en suivre les phases.

J'ai entendu dans mon enfance une anecdote qui m'avait beaucoup frappé et que je n'ai jamais oubliée. Un de mes oncles, de l'armée d'Italie, raconta un jour devant moi que quand le corps russe de Souvarow se trouva en face des Français, dans les premiers temps il était *impossible* de faire des prisonniers. Ils se faisaient plutôt tuer, avec acharnement et de volonté évidemment préconçue. Le général en chef, fort intrigué, ordonna qu'à la première rencontre et coûte que

niers se montrèrent sombres, inertes ; ils refusaient les aliments. On parvint à savoir qu'ils croyaient que les Français voulaient les engraisser pour les manger ! Souvarow les avait parfaitement endoctrinés. Bientôt désabusés et comblés de bons procédés, ils revinrent à la gaieté ; bref, après les avoir fait dîner avec lui et son état-major, le général les renvoya, sans condition, dans leurs lignes, leur souhaitant bonnes chances. Depuis cette aventure, disait mon oncle, les Russes se laissaient prendre à l'occasion sans trop de difficulté.

Quoi qu'il en soit, ce nouveau genre de guerre défensive, d'un ordre très supérieur à l'action des *délices de Capoue*, qui cependant ont sauvé Rome, dit l'histoire; cette guerre où les forces attractives remplaceraient la répulsion, et dont les projectiles seraient des bienfaits, des droits, des libérations et des émancipations en place des boulets qu'envoient les canons rayés — du commandant Tamisier et du duc de Montpensier, erronément attribués à l'empereur Napoléon III ; — un tel système de guerre devrait être, en cas, franchement inauguré par les États-Unis, car il est en pleine consonnance avec le timbre de leur état social, tandis que votre système, mon cher maréchal, y fait une dissonnance insupportable à toute société un peu délicate.

Mais descendons des considérations scientifiques où je me plais trop, comme tout vieillissant — vieux est dur à écrire — aux souvenirs de jeunesse, et revenons à l'armée européenne de Maximilien. Si je viens d'être, à l'instant même, bien informé, par quelqu'un qui revient de Matamoros, il paraît que les parties de cette armée, voisines de la frontière, donnent déjà des confirmations vulgaires, voire brutales, à la théorie que je viens d'esquisser. D'après celui-ci, en effet, la tension à la désertion dans les troupes européennes de Matamoros aurait atteint déjà un tel degré qu'il faut fusiller tous les jours des hommes qui tentent de passer la rivière; qu'on aurait institué un système d'espionage à 100 piastres par dénonciation, qui produit d'ailleurs des effets de démoralisation désastreux. Et enfin, qu'on a établi un système de terreur fort désaffectionnant sur la population civile, dont tout membre est incarcéré pour le seul fait de paraître échanger une parole avec un soldat. Le fin mot, me disait mon homme, c'est que ces soldats reçoivent une *bitt* (soit 0 fr. 65 centimes) de paye tous les cinq jours, et que chacun d'eux peut gagner aisément une ou deux piastres par jour de l'autre côté de la rivière. On ne voudrait pas qu'ils sussent cela, c'est pourquoi on leur interdit de parler aux bourgeois — et réciproquement. Mais on a beau faire et fusiller, ils veulent tous passer et n'attendent chacun que l'occasion favorable. — C'est là, s'il en est ainsi, et il en doit être plus ou moins ainsi, ce que j'appelle une confirmation vulgaire et brutale de mes théories à grands airs. D'un côté 15 centimes, ou 3 sous par jour, vieux style, pour être soldat sous un régime fort sévère; de l'autre de 5 fr. 25 c. à 10 fr. 50 c. (je prends le cours moyen du change), pour être son maître; ces forces contraires travaillant constamment une masse peu homogène d'aventuriers plus ou moins disciplinés, maintenus en un corps solide par une simple force de compression, qui menace elle-même, en dépassant sa *limite de résistance*, d'écraser ce corps ; le tout dans un climat chaud, exposé à l'air libre qui vient de l'Union : telle est ici la formule particulière, démonstrative mais prosaïque, de ma chimie transcendante. Si l'Union soufflait seulement sur cette armée, elle la volatiliserait en un clin d'œil.

Quant au corps français d'expédition, je ne sais au juste quelle influence le Mexique, seul, a exercée sur lui ; mais je vous suppose, à ce sujet, mieux informé que votre prédécesseur. Je me rappelle en effet avoir lu, de lui, au *Moniteur* un rapport officiel où il affirmait n'avoir perdu encore que *deux* déserteurs, et cela à une date où j'en avais vu arriver d'un coup, et pour commencer, 17 à Monterey, lieu bien éloigné cependant des courants naturels que la désertion devait prendre. Si le commandant d'un bataillon, à qui il restait 160 hommes sur 800, a répondu, comme je le tiens de l'interlocuteur qui en incriminait interrogativement la fièvre jaune : « Dites la désertion au premier chef, les maladies pour quelque chose et le feu de l'ennemi pour très peu », M. Forey paraîtrait fort n'avoir guère mieux connu les états de son corps d'armée que la géographie du pays sur lequel il le manœuvrait.

En commençant cette lettre, je croyais naïvement qu'elle n'aurait que six pages et ne contiendrait que des faits. Aux dimensions qu'elle a prises et aux théories dont elle a accouché, je me déclare incorrigible.

J'apprends à l'instant que *Negrette* se serait fait battre outrageusement et, en sus, prendre prisonnier. Pure rumeur, mais je l'en crois bien capable. Ces imbéciles n'ont pu comprendre, dès le début, qu'ils n'avaient qu'à vous arrêter dans les *Angosturas*, jamais à vous combattre en plaine et toujours à vous faire courir — après eux, bien entendu. Le Mexique est assez accidenté, contient assez de déserts et est encore assez vaste pour que ce genre d'exercice forcé vous y dût être peu salutaire. Au reste, neuf fois sur dix, au moins, ces nouvelles du Mexique, à l'opposé de l'Écho du poétique Boileau, ne sont rien « qu'un vain bruit qui dans l'air retentisse ». Il y a plus de deux ans qu'on nous annonçait l'arrivée ici de Juarez se sauvant avec sa caisse et deux domestiques — nouvelle qui, si je ne me trompe, fit aussi fortune en France. Toutefois s'il était vrai que Negrette eût répété Comonfort et que Juarez n'eût plus de monde pour occuper quelque bon coin de frontière, attendez-vous à voir les États-Unis se mêler plus vite à la discussion. L'entr'acte serait une brillante occasion à Maximilien pour faire son *pronunciamento* et proclamer la république. A cette condition, je la lui souhaite, l'occasion, de tout mon cœur. Mais, suivant toute apparence, cet entr'acte serait plus court qu'on a l'habitude de les trouver souvent au théâtre, et je finis cette lettre dans le sentiment qui l'a commencée : N'attendez pas que le rideau se lève [1].

*P. S.* Mon voisin de campagne m'a remis tout à l'heure un numéro du *Telegraph*, où il n'y a, m'a-t-il dit, rien du tout, pas de nouvelles. J'en trouve une grosse comme une montagne; non en elle-même, car c'est un accident bien vulgaire, hélas! qu'un pauvre cerveau humain se dérange, mais dans ses conséquences, à cause de la position que le malade occupe. Jules devient fou ; voilà la nouvelle — je parle de Jules César.

En lisant, dans un journal anglais important — j'entends de la classe des *importants*, comme il

[1] Si nous comprenons bien quelques signes et une indication abrégée, peu aisément lisible, à la marge du manuscrit, l'auteur en copiant ou faisant copier la minute pour le maréchal, aurait supprimé la nouvelle digression en P. S. qui commence ainsi : — pr tr ébourf pr groff de l'emp. — Si cette abréviation, qui, sur notre manuscrit, semble avoir été plutôt dessinée qu'écrite par un copiste qui ne la comprenait pas, signifie, comme nous le pensons : « Par trop ébouriffant « pour [être envoyée à un] grand officier de l'Empire », ce serait, en outre, l'indication du motif de la suppression. Il est donc probable que la quatrième lettre, effectivement adressée au maréchal, finissait ici. Comme nous ne publions pas ces lettres précisément pour les serviteurs de l'Empire, nous croyons devoir donner ce P. S. tel que nous le trouvons sur le papier que nous avons entre les mains.

(*Note de l'éditeur.*)

y en a en Angleterre — une très longue analyse de la *vie de Jules César*, l'idée m'était déjà venue que le cerveau qui avait écrit ce livre et l'avait fait publier, sous son règne et de son vivant, pouvait déjà bien être fortement travaillé. Mon *Telegraph* d'aujourd'hui contient une lettre à S. A. I. le prince Jérôme, — sans date, — comme toujours. A propos d'un discours de l'Altesse, qui n'est ni donné ni analysé et dont le sujet n'est pas même indiqué — mais telle, la lettre, que si la traduction anglaise est fidèle et si je retraduis fidèlement moi-même, il ne me reste plus de doute.

Le sujet du discours qui a motivé cette lettre aurait certainement une importance et je voudrais le connaître, mais c'est secondaire. Le discours, en effet, n'est qu'un prétexte : la lettre s'adresse, non point au cousin Jérôme — qu'on eût désavoué et savonné aisément en de tout autres termes ; on s'adresse au monde, ce qui est plus gros, quoique le prince ne soit pas mince, et on y a pour objet, ce qui passe toute borne, de dire son fait à l'Esprit Humain. — Là est le symptôme.

Je lis donc dans mon *Telegraph* ce membre de phrase. « That *to prevent anarchy in men's mind*,

« that formidable ennemy of *true liberty* the Em-
« peror had established first in his family, after-
« wards *in his government, that severe discipline*
« which admitted BUT ONE WILL and one
« action. — Je traduis : « que pour prévenir l'a-
« narchie *dans l'esprit humain* (ou l'*anarchie*
« *des esprits*), ce formidable ennemi de la vraie
« liberté, l'Empereur avait établi, dans sa famille
« d'abord, et ensuite *dans son gouvernement*,
« *cette sévère discipline qui n'admet* QU'UNE VO-
« LONTÉ et une action » (notez que je place libéralement une virgule entre « ce formidable ennemi de la vraie liberté » et « l'Empereur » ; l'omission de ce signe de ponctuation, dans le texte anglais, facilitant trop un double sens assez curieux et que la plume impérialiste eût peut-être mieux fait d'éviter.

Ma traduction restitue, je pense, le texte original[1]. La lettre, d'ailleurs, exprime ce sens d'un

[1] (*Note de l'éditeur.*) Il peut être bon de reproduire ici le texte original de la lettre que l'auteur commente ; le voici :

« Je ne puis m'empêcher de vous témoigner la pénible impression que m'a causée la lecture de votre discours d'Ajaccio. En vous laissant, pendant mon absence, auprès de l'impératrice et de mon fils, comme vice-président du conseil privé, j'ai voulu vous donner une preuve d'amitié et de confiance, espérant que votre présence, votre conduite et vos

bout à l'autre. Elle se résume tout entière et se condense dans l'opposition de ces deux idées *anarchy in men's mind* et *one will.* D'un côté, l'Esprit Humain ; de l'autre, cette Volonté Unique, qui prétend le monter et lui serrer la bride. Eh bien ! je vous dis que le cerveau de César n'est pas seulement travaillé, attaqué, assiégé ; il est pris. Le siége a été plus long que celui de Charleston et de Troie ; il date de la jeunesse du sujet; il a commencé dans des superstitions de son en-

discours témoigneraient de l'union régnant dans notre famille.

« Le programme politique que vous placez sous l'égide de l'empereur ne peut servir qu'aux ennemis de mon gouvernement. A des appréciations que je ne puis admettre, vous ajoutez des sentiments de haine et de rancune qui ne sont plus de notre époque. Pour savoir appliquer aux temps actuels les idées de l'empereur, il faut avoir passé par les rudes épreuves de la responsabilité du pouvoir. D'ailleurs, pouvons-nous réellement, pygmées que nous sommes, apprécier à sa juste valeur la figure historique de Napoléon ? Comme devant une statue colossale, nous sommes impuissants à en saisir à la fois l'ensemble. Nous ne voyons jamais que le côté qui frappe nos regards. De là l'insuffisance de sa reproduction et la divergence d'opinions. Ce qui est clair aux yeux de tout le monde, c'est que pour empêcher l'anarchie des esprits, cette ennemie redoutable de la vraie liberté, l'empereur avait établi dans sa famille d'abord, dans le gouvernement ensuite, une discipline sévère, n'admettant qu'une volonté et qu'une action. Je ne saurais désormais m'écarter moi-même de cette règle de conduite. »

(*Moniteur universel* du 27 mai 1865.)

fance : siége de mines, surtout; quarante ans au moins de travaux souterrains. Mais la maladie a pénétré dans la place ; elle s'est emparée de toutes les défenses ; elle tient le corps de place et la garnison, vous dis-je, et, seule, y dicte la loi. Et la preuve, c'est qu'elle a ordonné à César d'annoncer lui-même au monde qu'il était pris, rendu sans conditions, qu'elle a dicté les termes de la formule, que le vaincu les a écrits, signés et publiés en écrivant, signant et publiant cette lettre morbide à son cousin.

Cette maladie est bien connue dans l'histoire et dans l'histoire des maladies mentales. Le fond est toujours le même, mais elle varie, avec les temps, dans ses symptômes, ses formes et son intensité. Elle ne se met qu'aux porte-sceptres. La tête couronnée est son domaine et, dans ce domaine, elle ne s'attache qu'à la spécialité du pouvoir absolu. Les despotes de l'Orient en étaient presque tous atteints ; mais le monde oriental n'étant pas un monde rationnel, les observations de l'esprit y semblent comme dans leur climat congénial, ne s'y choquent pas, dans le cerveau du sujet, avec les contradictions violentes des forces ambiantes et, souvent, n'y génèrent pas de ravages dans sa constitution physique.

A Rome, ce fut la folie césarienne. Inconnue sous la république, elle ne put naître qu'avec l'Empire. Elle y devint pendant longtemps presque endémique sur les empereurs.

Napoléon en eut une attaque dès qu'il eut doublé son Césarisme moderne et français, du Césarisme à deux têtes de l'Allemagne féodale, en mettant une Césarine, ou plutôt une Césarette autrichienne dans son lit. Cette tête extraordinaire en put guérir, mais il ne fallut rien de moins que l'Espagne et Moscou pour commencer la cure, et bientôt l'Europe tout entière pour la terminer. En réalité même il ne guérit que quand il avait déjà cessé d'être César, pour n'être plus que le grand capitaine qui disputait héroïquement à l'ennemi le sol sacré de la patrie et de la révolution ; je crois cette dernière remarque *médicalement* importante[1].

Le cas de folie césarienne que révèle patemment la lettre au prince Jérôme me paraît du caractère le plus grave, parmi tous ceux que l'histoire présente de cette démence. Xerxès avait fait fouetter la mer. L'Empereur, après l'incendie de

[1] N'eut-il pas une rechute quand il reparut en Charlemagne, au Champ de Mars, pendant les Cent jours ?

(*Note de l'éditeur.*)

Moscou, y avait attendu la soumission de la Russie, réorganisant la Comédie française, frappant sa médaille de *Dieu au ciel et Napoléon sur la terre* et comptant sur les déférences des forces de la Nature Polaire pour Sa Majesté. Qu'est-ce là à côté de la volonté, conçue, par une pauvre tête après tout, un *pygmée* — il en convient — de monter à cheval sur l'Esprit Humain, de mener l'Esprit Humain au frein, à l'éperon et à la cravache? et de la folie, plus démente encore, de dire cela à l'Esprit Humain? Le Despote oriental ne fouettait ici qu'une force de la Nature; le despote d'aventure, fourvoyé dans ce siècle et en France, entend fouailler l'Esprit Humain, reconnu et sacré aujourd'hui Roi légitime des forces de la Nature! Entre la gravité des deux cas il y a la différence des deux mondes, des deux temps, et de la dignité des objets de l'ire des deux sujets.

On s'est plu à faire de Louis-Napoléon un obélisque revêtu d'hiéroglyphes indéchiffrables, et on ne lui a point déplu en lui prêtant cette apparence porphyréenne. Il a cultivé beaucoup, lui-même, la pose insondable et muette. Cette pose impose et en impose aux imaginations enfantines, et il n'ignorait pas que ces sortes d'imaginations sont nombreuses parmi les hommes faits.

Un mystère, fût-il vide, ne couvrît-il absolument *rien*, a la même autorité sur elles, tant qu'il n'est pas ouvert, que s'il couvrait un monde. C'est une force artificielle, et les positions artificielles surtout, la recherchent. Louis-Napoléon, n'a pas seulement posé pour le dehors et en vue d'un prestige extérieur : il a encore posé à l'intérieur, en vue de se faire du prestige à soi-même — à peu près comme l'homme qui boit pour se donner du cœur.

Dans l'ordre des choses humaines, depuis les petites questions de caractères jusqu'aux grandes questions sociales, les savants se montrent encore tout aussi ignorants que les hommes du monde et la littérature. La raison en est bien simple : Ils n'ont pas encore su se débarrasser d'un préjugé qui soustrait ces matières aux investigations de l'esprit scientifique et de ses méthodes. Les phénomènes de cet ordre restent dès lors fermés pour eux, comme le furent ceux de la nature aux esprits les plus puissants des siècles antérieurs, aussi longtemps que, prenant ces phénomènes en bloc, on se bornait à deviner et à supposer au lieu d'observer, d'analyser, de classer, d'induire et, conséquemment, de découvrir.

Les gros mystères sont souvent des choses fort

simples. Un système du premier degré à deux inconnues paraît un très gros mystère à un homme du monde, plein d'esprit d'ailleurs, mais qui ne sait pas un mot d'algèbre. Un écolier s'en fait un jeu : il élimine aisément une inconnue et les obtient, ensuite, tout aussi aisément, l'une après l'autre.

Il pourrait être curieux de procéder régulièrement à cette élimination dans le cas présent. La solution, assurément, serait facile à quiconque a pu observer le sujet d'assez près. Ceci n'étant pas mon cas, je ne saurais prétendre une solution de tous points rigoureuse mais seulement une approximation suffisante.

La théologie a fait, de Dieu, un système en trois personnes. On en compte facilement deux au moins en chacun de nous : la personne, produite par la nature et par l'éducation du milieu contemporain, et la personne résultant des impressions du milieu spécial à chacun, du travail sur lui de ses circonstances particulières. Seulement, ces deux personnes ne sont pas toujours aussi bien d'accord entre elles que les trois du catéchisme.

Dans le cas présent on ne les trouverait guère homogènes. L'une est l'animal raisonnable, naturellement développé dans les idées générales de son temps; l'autre est un esprit ouvert à la superstition, frappé d'une vision solitaire qui l'a hanté de très bonne heure.

Si l'on élimine cette seconde personne par quelque procédé simple, soit, par exemple, en mettant le neveu à la place de l'oncle au siége de Toulon, il n'y a personne qui ne tire aisément de l'hypothèse — et lui-même en conviendrait — qu'au lieu de filer la merveilleuse trajectoire qui, de ce port, alla tomber à Sainte-Hélène, il fût resté confondu dans la foule militaire et politique où n'ont fait que flotter tant de têtes de cette époque, plus lumineuses et plus fortes que la sienne. — Il n'a pas d'ailleurs toujours porté sa peau de Sphinx, et si l'inscription de Rosette a suffi à Champollion pour réduire à des termes fort humains, à des rébus souvent même fort vulgaires, les merveilles de profondeur hiératique que l'imagination se plaisait à loger sous les caractères mystérieux des monuments de la vieille Égypte, les livres qu'il a publiés valent, ici, bien des inscriptions de Rosette. Ces productions ne contiennent pas trace de génie, ni même de simple originalité. Le témoignage légal qu'elles portent est celui d'un esprit ordinaire.

Étudiée d'assez près, la première personne donnerait donc un esprit certainement ordinaire, froid, je pense, raisonnablement droit, sans disposition à la rancune, à la vengeance, à la haine, peu porté même à l'orgueil, animé d'intentions irréprochables, bon, probablement même assez faible.

Louis-Napoléon a fait un gouvernement fort, dit-on, et rendu à la France, en Europe, le *prestige* qu'elle avait perdu entre les mains de Louis-Philippe et de la bourgeoisie. Je concède le second point et je réforme l'expression du premier. Ce gouvernement, en effet, n'est pas un gouvernement fort, loin de là, et la preuve incontestable qu'il n'est pas fort — en lui-même et par lui-même — c'est qu'après une durée de treize ans passés, ce gouvernement croit personnellement ne pouvoir se soutenir que par beaucoup de force : preuve explicite, formelle et qui dispense de toutes les preuves implicites que l'on pourrait accumuler.

Quoi qu'il en soit, fort ou non, ce n'est pas cette première personne du système qui a fait le 2 Décembre, ni cet Empire pastiche — et postiche dans la France actuelle. Elle n'a pas même fait les équipées de Boulogne et de Strasbourg, ni rendu à la France ce que, à cet Empire, elle a regagné de prestige comme puissance militaire. — C'est donc l'autre personne, la seconde, qui a fait ces choses; et elle les a faites, il le faut noter, dans des circonstances et à l'aide de circonstances qui eussent permis à une raison saine et libre de faire beaucoup — et sans avoir à décembriser.

Ce second élément du système est une superstition. Or, les superstitions, bien qu'elles soient nécessairement, en ce siècle surtout, des faiblesses de l'esprit, créent des forces artificielles, extérieures à l'âme qui les a reçues et les entretient, mais qui, pour mener un homme à leur but, peuvent être souvent très considérables. C'est un vent qui gonfle des voiles et pousse un navire aveuglément, dans la direction où il souffle.

Louis-Napoléon né, comme il l'écrivait un jour, sur les marches du trône, a été désigné à la succession de l'Empereur avant la naissance du roi de Rome. Élevé dans l'exil par une femme très féminine, reine détrônée et mère tendre, il doit avoir été consolé dans ses chagrins d'enfance par la perspective d'un sceptre. Bercé dans un air de crédulités et d'espoirs superstitieux, auxquels inclinait déjà l'imagination de Joséphine, nourri enfin des mille et une nuits impériales, comme les autres enfants sont amusés par des contes de fée, — avec cette différence que les légendes fabuleuses, inoffensives à l'esprit des autres, étaient pour celui-ci de l'histoire toute palpitante, celle de sa propre famille, et capable, comme telle, dans une solitude peuplée de visions, de regrets, et d'espoirs, de faire un trou profond dans un esprit plus fort que le sien. — C'est de ce trou qu'ont commencé les opérations du siége.

A cette époque d'*indétermination* de la société européenne, qui provoque de si fréquentes oscillations politiques, surtout en France — le point magnétique le plus sensible de cette société, — il n'y avait rien de déraisonnable, dans la situation de Louis-Napoléon, surtout depuis la mort du duc de Reichstadt, à admettre, pour lui, la chance d'un rôle gouvernemental en France. Si cette chance eût été envisagée naturellement, traitée comme une hypothèse rationnelle, et qu'il s'y fût préparé, en cas, par des études, toutes rationnelles elles-mêmes, des besoins généraux de son temps, de ses conditions, de ses tendances historiques et par une critique rationnelle de l'Empire, de ses institutions, de son despotisme et de toute sa conduite, il y avait place pour un développement sain, une carrière très belle et un des rôles les plus grands et les plus féconds de l'histoire.

Malheureusement, la chose a tourné à l'imagination et à une sorte de fantaisie astrologico-mystique. Au lieu d'une carrière gouvernée par la discipline sévère d'une raison régulièrement et sérieusement éclairée, nous avons eu des aventures où la raison de conduite et le bagage d'idées contemporaines acquises, ont été entraînés à la suite d'une *étoile,* mêlées aux rêveries d'une destinée personnelle, d'une protection mystérieuse, d'une force occulte, d'un Fatum domestique, d'une part, et, de l'autre, à l'irrationalisme d'une religion individuelle, conçue dans le vide d'une ambition longtemps solitaire et déçue, et fortifiée par un succès qui, au lieu d'être compris dans les causes naturelles, n'a servi qu'à confirmer la donnée fondamentale des hallucinations fatidiques.

En somme, nous avons eu un irrationalisme *composé,* ou deux irrationalismes intimement combinés : l'irrationalisme subjectif d'une mission personnelle, travaillant sur l'irrationalisme objectif de cette religion de famille — que l'inventeur a nommé, autrefois lui-même, si je ne me trompe, l'*idée impériale ou napoléonienne*. Je dis l'inventeur, car je ne sache pas que Napoléon, qui était un esprit essentiellement pratique et concret, agissant dans le concret et dans la pratique, et en qui surgissaient énormément d'idées, ait jamais été conduit parce que, dans le langage philosophique de ce siècle-ci, on appelle maintenant une idée.

Bref, être appelé par les étoiles au gouvernement de la France, et avoir à pratiquer, sur celle-ci, un ponsif de l'Empire, ou, pour faire tenir les deux idées fixes dans une seule expression vulgaire, avoir reçu mission de marcher dans les bottes de son oncle, telle est la double superstition qui, germant de bonne heure dans le cerveau de Louis-Napoléon, y croissant et s'y enracinant avec l'âge, a constitué la seconde personne, cherchée, de cette dualité. C'est l'élément dont la force, aveugle, a opéré les aventures de Strasbourg, de Boulogne, du 2 Décembre, de l'Empire, et produit, par voie d'imitation, tout ce que cet Empire a de mauvais comme tout ce qu'il peut avoir accompli de bon.

Cette force a entraîné le système tout entier et lui a créé une *conscience indifférente*. Elle en a fait un instrument mû, poussé dans la direction de l'idée fixe, passant sur tout, ne redoutant que l'obstacle physique, irresponsable comme une locomotive, et se glorifiant dans cette irresponsabilité. Napoléon a été, par excellence peut-être dans l'histoire, le prototype de la spontanéité humaine; son neveu, un prototype de la machine à calquer.

L'Empereur, qui avait l'esprit d'ordre par excellence, voulait régler à sa façon les *affaires* de ce monde. Il n'aimait pas ceux qu'il appelait les idéologues et faisait peu de cas; en pratique temporaire du moins, de la liberté du prochain. Je ne sache pas, pourtant, qu'il se soit jamais posé en face de l'Esprit Humain, qu'il ait pris à partie l'anarchie dans ce domaine et ait déclaré la prétention de s'en faire aussi l'Empereur. Il se bornait à en contenir politiquement les essors qui eussent pu contrarier son action pratique, à tendre ses filets administratifs, à multiplier les procédés du gouvernement, ses machines de concentration et de servitude, — erreur qui lui a été fatale. Son bon sens pratique le tint du moins dans cet ordre, et il ne prétendit point, dans la santé de son propre esprit, au suprême pontificat sur l'Esprit Humain. Cet excès n'eût été d'ailleurs qu'une prétention toute personnelle, à laquelle la hauteur vertigineuse d'où son génie propre avait dominé les têtes contemporaines en matière de gouvernement et en titre de commandement, eût seule pu l'exposer. De ce chef le cerveau du neveu était bien à l'abri de tout danger; et c'est un vertige moins imposant et beaucoup plus vulgaire qui nous a détraqué ce mécanisme. Je n'en rechercherai point la nature, dont la détermination ne serait pas difficile [1], et constate seulement l'état du sujet tel qu'il est indiqué par cette bulle fâcheuse.

Louis-Napoléon a de la littérature et connaît fort bien, ici, le sens philosophique des expressions dont il se sert. Toutes ont été pesées. L'anarchie des Esprits et la liberté de l'Esprit Humain sont deux termes enchaînés comme un boulet ramé. L'Esprit Humain, adulte, parvenu à la conscience réfléchie de lui-même, s'est affranchi des dogmes puissants qui, longtemps, l'assujettirent. Il a conquis son autonomie et fait sa

[1] En marge et en abréviations toujours mal copiées, nous croyons lire ici : La hauteur, non du génie, mais de la situation du sujet et l'identification puérile du prêtre avec son Dieu. (*Note de l'éditeur.*)

Déclaration d'Indépendance. Il est Souverain, Souverain Absolu, et il est anarchique parce qu'il est Souverain et qu'il est Multiple. L'insurrection contre toute espèce de règle extérieure à lui, n'est pas seulement son droit, mais le plus saint de ses devoirs et la condition abécédaire de sa productivité et de sa dignité : Qu'il se laisse imposer une discipline quelconque par *une volonté quelconque*, fût-elle la plus intelligente du monde, il n'est plus que l'esprit des brutes. La seule autorité qu'il puisse reconnaître — et reconnaisse, est sa propre émanation impersonnelle, l'autorité de la Vérité qu'il découvre et de la Science qu'il crée. Sa soumission à cette autorité est l'acte autonome le plus élevé de sa liberté même, la manifestation la plus haute de sa dignité et de son Inconditionnelle Souveraineté. — De toute autre autorité il ne saurait seulement *faire cas* sans s'abdiquer.

Louis-Napoléon sait cela fort bien. Les droits que l'Esprit Humain prétend, de son essence même, il n'en ignore. Et voici que cet homme de taille moyenne au mètre des caractères, né avec une intelligence qu'il a plus d'une fois confessée commune et que ses œuvres eussent classée, sans confession, comme telle; cet esprit faible, subjugable, ouvert à la superstition, maîtrisé par l'idée fixe d'une mission personnelle, à l'irrationalisme de laquelle il a bu de plus en plus pour s'infuser des forces d'emprunt; qui a désaimanté sa conscience et sa raison naturelles, corrodées d'ailleurs par l'usage d'un despotisme capable d'affoler une boussole plus solide; voici que ce César de succession nominale et de hasard, non content de tenir 37 millions d'hommes sous la discipline de SA VOLONTÉ dans le domaine des faits, émet un beau matin la prétention de ranger « *à la discipline sévère de cette* VOLONTÉ UNIQUE » les esprits et les âmes! allons donc!...

Comme anachronisme et pastiche, un Empire suffisait amplement à la France et à notre époque. Leur fournir, en sus, un Dieu, une religion et un pape, dans une même facture, c'est empiler beaucoup et compiler trop. Mieux valait contenir le Dieu à l'état de Lare domestique et ne lui rendre, en public, comme devant, que des hommages plus discrets et mieux contenus. L'Esprit Humain, à ne prendre que l'esprit humain de M. Thiers, a déjà fait d'ailleurs, — au simple point de vue du simple bon sens classique et en scrupuleuse abstention de tout sens philosophique — de ce Dieu de famille une critique assez lumineuse pour en montrer à tous, à côté des puissances et des grandeurs exceptionnelles d'une *organisation* magnifique, l'humanité et les faiblesses. — Tous les esprits humains siffleront l'apothéose.

Au temps où les Césars de Rome se passaient la fantaisie de faire Dieu un prédécesseur ou de décréter leur propre divinité, le ciel était si peuplé que cela ne tirait guère à conséquence. C'était quelque chose comme quand, de nos temps, le Saint-Père émet un nouveau Saint. Depuis, le pavé de l'Olympe a été balayé de ses foules divines, et le Ciel, tout entier, occupé par un Dieu unique. Faire un Dieu aujourd'hui ce n'est donc plus ajouter une tête à un troupeau innombrable. Faire un Dieu, maintenant, c'est remplacer le précédent et lui nommer un successeur, rien de moins. C'est ce que le neveu vient d'entreprendre en faveur de son oncle. A dire vrai, puisqu'il voulait mettre l'Esprit Humain à la discipline, il lui fallait, de toute nécessité, avoir un Dieu dans sa manche. Le procédé a vieilli, mais on n'en connaît pas d'autre, et l'auteur a pris ce qu'il avait sous la main.

Si Sa Majesté n'a plus sa tête elle a du moins gardé sa tactique. Quand l'oncle attaquait un poulailler, il y allait en plein soleil — et tout droit : il n'a rusé, je crois, qu'en Espagne, vilainement, honteusement, et n'a point eu à se louer d'avoir, en ce cas, changé sa méthode. Le neveu s'insinue dans les places, nuitamment et par des voies détournées ; c'est sa manière : et, cette fois encore, il y est resté fidèle. — Il veut donner un grand coup de cravache dans le ventre de ses sujets pensants : c'est sur le dos du cousin Jérôme qu'il l'applique. — Empereur, il veut de plus être Pape : Le cousin Jérôme s'était permis, paraît-il, une interprétation, à sa manière, du Nouvel Évangile. Il déclare le cousin Jérôme pygmée, déclare tous les hommes pygmées et se déclare pygmée, lui-même avec tous les hommes, devant le nouveau Dieu ; *mais*, par un petit tour, retour ou détour, il se trouve *avoir réservé* en faveur du Pygmée *qu'éclairent les épreuves sévères du pouvoir absolu* (les simples mortels croient que ce pouvoir aveugle) l'interprétation des nouveaux dogmes. La nouvelle Papauté est prise, du coup! C'est bien là encore, ce me semble, s'insinuer dans le poulailler. Humilité parfaitement pontificale, d'ailleurs, et romaine, dont la faible humanité ne se tient pour infaillible que comme porte-voix d'un Saint-Esprit en service permanent, attaché à la situation comme un suisse à sa cathédrale.

Quoi qu'il en soit, c'est beaucoup de choses dans deux ou trois phrases. Je le dis très sincèrement, Jules César, la concision même, eût fait tenir difficilement tant de créations sous un aussi petit volume, — et, en outre, donné sur les doigts à un cousin. A trois sens au moins cette lettre est bien une bulle et, comme rédaction, un chef-d'œuvre véritable. Littérairement l'auteur n'avait rien fait d'égal, et littérairement encore, Jules César est *enfoncé*, — le mot est romantique et se dit en littérature moderne.

Je désirerais assez savoir ce qui a causé l'accès : la matière du discours d'Ajaccio donnerait peut-être une clef pour sûr : le manteau impérial doit sembler s'user un peu, qu'on sente le besoin de le doubler d'une chasuble pontificale, et l'esprit humain du bon peuple français commencer à remuer des pieds au parterre, qu'on le rappelle si vertement à l'immobilité, — le plus beau mouvement des sujets pensants d'un Empire bien discipliné, comme nous le disait le commandant Lagamans, en son temps, du troubadour sous les armes.

Serait-ce pas en se frottant à l'écorce un peu rude de la Démocratie américaine que le Paletot du César aurait attrapé des égratignures? et de son peu de goût pour la pièce mexicaine qu'on lui joue d'office, et à ses frais, que le parterre commence spécialement à murmurer! Je n'en sais rien, mais le soupçonne fort. Je soupçonne encore que les indociles ne se tiendront pas pour morigénés par l'admonestation du Régisseur. Il me semble même que l'Altesse Impériale qui l'a reçue, l'admonestation, de plein fouet dans sa loge d'avant-scène, ne s'en montre guère déconcertée, — jugeant au ton dégagé et peu pénitent d'une réponse, où je trouve, par incident rare, la date de la pièce.

Quant aux troupeaux des dociles, ce doit être autre chose. Les chevaliers du lustre veulent bien obéir avec servilité, c'est leur état; mais sur signes convenus, civilement, et non sur commandement sec et bref, à voix trop haute et militaire. S'il faut se mettre à plat ventre, ils veulent du moins s'étendre comme gens qui ne demandent pas mieux et s'aplatissent librement, avec enthousiasme. Si le maître appelle un chat un chat et leur uniforme une livrée, leur dignité s'offense. La domesticité a sa hiérarchie et ses convenances, que diable ! Des Sénateurs et des Membres du Corps Législatif ne peuvent être menés absolument comme des nègres et des valets de pied. L'Oncle qui n'était pourtant pas une supériorité de simple étiquette constitutionnelle et de pure convention, avait, à ce ton, amassé de fâcheuses rancunes dans ses chambres et dans ses antichambres, et Boileau avait fait une remarque aussi sensée, au moins, que poétique en nous disant :

Les Césars, dans les mots, bravaient l'honnêteté,
Mais le claqueur français veut être respecté.

Ayant sous la main, ici, plus de serpents à sonnettes que d'exemplaires de Boileau, je n'affirmerais pas l'exactitude rigoureuse de la citation, mais ce n'est pas loin du texte, et ce principe d'art poétique en est un d'art politique qu'il peut être bon de ne pas trop négliger.

Cette dépêche a été interrompue, non par le brouillard, — comme le télégraphe boiteux de notre jeunesse, qui ne marchait pas la nuit et ne faisait, de jour, en se démenant beaucoup, qu'une centaine de lieues à l'heure, — mais par la fièvre : elle doit sentir la quinine à haute dose. Je vous écris pour vous débiter les raisons qu'il peut y avoir d'aller vite, et ne sais pas même si mes raisons pourront aller vous trouver ! Tout en faisant la théorie de la folie d'autrui, ne pourrais-je pas être quelque peu fou moi-même ? A la vérité les deux choses ne sont pas incompatibles, et, rigoureusement, l'une n'empêcherait pas l'autre.

Ce jourd'hui 25 juillet, que je finis cette lettre, j'apprends que le gouverneur Jack Hamilton s'en va paisiblement, *sans troupes*, prendre possession de la maison blanche d'Austin, ne courant de dangers que d'ovations. Les troupes venues par la côte ont été dirigées, presque en totalité, par Brownsville sur la ligne du *Rio Grande*, c'est à dire dans des prairies peuplées de chevaux sauvages, de coyettes, de daims et autres habitants, très nombreux sans doute, mais bien connus pour n'avoir pris aucune part à la Sécession. Enfin un corps de cavalerie, évalué à quinze mille hommes par les uns, à vingt mille par les autres, parti de la Rivière rouge, *traverse* le Texas en destination de la même ligne. On n'a pas encore vu un uniforme yankee dans la capitale de l'État, et l'intérieur est aussi vide que, depuis longtemps, ma dernière bouteille de vin. Je vous laisse à expliquer cette distribution de l'armée d'occupation du Texas et vous prie de me pardonner ce nouveau et dernier flux d'élucubrations plus ou moins pertinentes.

A vous cordialement, dans tous les cas. . . .

. . . . . . . . . . . . . . . . . . . . . . .



FIN.

www.ingramcontent.com/pod-product-compliance
Ingram Content Group UK Ltd.
Pitfield, Milton Keynes, MK11 3LW, UK
UKHW020119200726
13856UKWH00002B/628

9 782013 020763